Adrian Rehling

DAS
CORONA-PROTOKOLL

Bibliografische Information der Deutschen Nationalbibliothek:
Die Deutsche Nationalbibliothek verzeichnet diese Publikation
in der Deutschen Nationalbibliografie; detaillierte bibliografische Daten sind im Internet über http://dnb.dnb.de abrufbar.

Korrektorat: Marita Pfaff
Coverdesign: Florian Kanzler

Herstellung und Verlag: BoD – Books on Demand,
Norderstedt

ISBN: 978-3-7347-2890-7

Inhaltsverzeichnis

Vorwort

Es sind sechs Buchstaben, die die Welt verändern –

C O R O N A.

Kinder dürfen nicht mehr auf die Straße, Erwachsene müssen sich per SMS eine Erlaubnis von der Regierung einholen, um das Haus verlassen zu können, Senioren werden über viele Monate hinweg von der Außenwelt isoliert und vereinsamen. Die Freiheit der Menschen weltweit wird durch ein unsichtbares Virus in ihren Grundfesten erschüttert. Aber was noch viel schlimmer ist: Die Gesundheit der Menschen steht plötzlich dauerhaft in Frage, das höchste Gut überhaupt. Über uns allen schwebt ein bösartiges Virus.

Das Virus setzt Ängste frei, wie wir uns das niemals hätten vorstellen können. Freundschaften und innige Familienverhältnisse leiden, brechen teils weg. Eine Krankheit verändert das Leben – SARS-CoV-2, COVID 19 oder einfach nur Corona. Alles ist plötzlich anders – das Miteinander, die Gesellschaft – wegen einer Infektionskrankheit, die die komplette Welt lahmlegt. Es ist schwierig zu begreifen, weil eben nicht greifbar. Das Virus, das so klein ist, dass es nur unter dem Mikroskop zu erkennen ist. Rund 0,1 bis 0,14 Mikrometer klein. Aber eben doch so groß und gewaltig in seiner Wirkung, dass es Millionen von Menschen das Leben nehmen wird – und vielen anderen Millionen auf der ganzen Welt ihre Freiheit. Die Freiheit, ein selbstbestimmtes Leben führen zu können. In Bezug darauf, mit wem man sich treffen will, wann man sich treffen will, wo man sich treffen will. All das ändert sich seit dem Ausbruch des Coronavirus und im Zuge der sich daraus entwickelnden Pandemie dramatisch. Und es verändert auch uns selbst.

Besonders sorgt es aber für Schicksale, die weltweit völlig unterschiedliche Ausmaße annehmen. Jeder trägt seine ganz persönliche Corona-Geschichte mit sich herum. Zu genau erinnern wir uns noch alle daran zurück, wie die ersten Meldungen aus China die Runde machen. Von einer grassierenden Lungenentzündung ist die Rede. Allzu oft erwischen wir uns dabei, diese Nachrichten zu belächeln. „Ach, die Chinesen … " oder „zum Glück ist es so weit weg" sind Anfang 2020 wohl die am meisten geäußerten Phrasen überhaupt.

Die Gründe dafür, dass sich diese Verharmlosungen nicht bestätigen, sind vielfältig. Am Anfang liegen sie im Unwissen. Ein Unwissen darüber, was genau mit den Erkrankten eigentlich passiert. Ein Unwissen darüber, wie hochinfektiös das Virus in Wahrheit ist. Ein Unwissen über die heftigen Folgen, die Corona verursachen kann. Und dann kommt auch noch ein Gefühl hinzu, das vor COVID-19 allgegenwärtig ist: „Uns kann doch nichts passieren."

Eine Annahme basierend darauf, dass die Welt mittlerweile perfekt in Sachen Technologie und Wissenschaft aufgestellt zu sein scheint. Dass sie es nicht ist, bekommen wir auf übelste Art und Weise zu spüren. Auch der Glaube, dass die Medizin alles bekämpfen kann, was es vielleicht noch gar nicht gibt, ist ein Irrglaube. Für das Coronavirus gibt es eben keine Bedienungsanleitung.

Es ist eine Zeit, die uns alle an die Grenzen des Erträglichen bringt. Corona ist, wie Ex-Bundeskanzlerin Angela Merkel treffend beschreibt: „Ein Jahrhundertereignis." Eines, an das sich niemand gerne zurückerinnern wird.

Dennoch soll dieses Buch an der einen oder anderen Stelle auch mit einem Schmunzeln gelesen werden. Denn Corona ist eben nicht nur traurig, grausam, zerstörend oder eben lebensbedrohlich, sondern das Virus kann auch hin und wieder skurrile, verrückte oder teilweise gar lustige Anekdoten hervorbringen.

Daher hoffe ich, Ihnen mit diesem Buch sowohl einen wissenschaftlich fundierten sowie einen informativ berichtenden, aber ebenso auch abwechslungsreich unterhaltenden Überblick über all das zu geben, was uns in 1000 Tagen mit COVID-19 widerfahren ist.

Ein führender Epidemiologe
ordnet das Coronavirus ein

„Wir leben in einem Jahrhundert voller Pandemien!"

Prof. Dr. Hajo Zeeb befasst sich seit über drei Jahrzehnten mit der Epidemiologie. Jener wissenschaftlichen Disziplin, die sich der Definition nach mit der Verbreitung sowie den Ursachen und Folgen von gesundheitsbezogenen Zuständen und Ereignissen in Bevölkerungen oder Populationen beschäftigt. Zeeb ist ein Experte in seinem Fachgebiet, leitet die Abteilung Prävention und Evaluation am Leibniz-Institut für Präventionsforschung und Epidemiologie – kurz BIPS – in Bremen. Außerdem berät er den Senat des Stadtstaates Bremen im Umgang mit der Pandemie.

Auch der Experte selbst wird in Bezug auf Corona anfangs vor bis dahin unbekannte Hürden gestellt, wie er offen zugibt: „Wir hatten schon mindestens vier Pandemien in den ersten Jahren dieses Jahrtausends. Unser Lebensstil, zum Beispiel das viele Reisen, bringt das quasi mit sich. Wir leben sozusagen in einem Jahrhundert voller Pandemien. Das Thema an sich war uns also schon länger bekannt. Aber definitiv nicht mit so einer ungeheuren Wucht."

Der Epidemiologe weiß noch genau, wie er die ersten Meldungen aus Fernost vernommen hat: „Im Januar 2020 habe ich das Virus sicherlich auch noch nicht als so gravierend und gefährlich eingeschätzt. Gefahrenmeldungen dieser Art gibt es ziemlich regelmäßig von der Weltgesundheitsorganisation, aber niemals hätten wir mit einem solchen Ausmaß gerechnet." Ende Februar 2020 sei es dann „deutlich ernster geworden, ein internationaler Gesundheitsnotfall, der uns alle in höchste Alarmbereitschaft versetzt hat". Das Virus sei „tückisch und sehr dynamisch", so Zeeb.

Der ehemalige Mitarbeiter der Weltgesundheitsorganisation sieht COVID-19 „sowohl für die Experten als auch für jede einzelne Person als riesengroße Herausforderung, die es von uns allen zu bewältigen gilt. Corona hat offenbart, wie verletzlich die Menschheit in der heutigen Zeit noch ist. Die Krankheit hat aber ebenfalls aufgezeigt, wie wir Menschen solche Herausforderungen bewältigen können. Nämlich wenn wir alle schnell und aktiv gemeinsam an einem Strang ziehen, dabei überlegt handeln und dem Virus so keine Chance lassen."

Dennoch ist auch im dritten Jahr der Pandemie keine komplette Entwarnung in Sicht: Nach dem abrupten Ende der Null-COVID-Politik in China und den dortigen Masseninfektionen herrscht unter Wissenschaftlern die Sorge, ob sich auch weltweit neue Corona-Wellen ergeben und es neue, gefährlichere Varianten geben wird. Epidemiologe Zeeb glaubt daher: „Insofern bleibt Corona wohl noch länger ein Thema für die wissenschaftliche, politische und gesellschaftliche Diskussion."

Der Ausbruch: „Was ist da in China los?"
(Dezember 2019 bis Januar 2020)

„Ein rätselhafter Krankheitsausbruch."

Als ARD-Auslandskorrespondent Steffen Wurzel am 7. Januar 2020 seinen 90-sekündigen Lagebericht aus China mit dieser Umschreibung beginnt, ahnt nahezu niemand etwas Böses. Von 60 erkrankten Menschen ist die Rede, die Dunkelziffer liege wohl noch etwas höher. Wie gefährlich der „rätselhafte Krankheitsausbruch" sei? Unklar. Aber eins stünde fest: „Gerüchte, es handele sich um einen neuen Ausbruch der gefürchteten Lungenkrankheit SARS (…), wiesen die Behörden zurück." Ein verhängnisvoller Trugschluss dramatischer Tragweite. In den Tagen zuvor geschieht Folgendes:

30. Dezember 2019 Ein chinesischer Arzt schlägt Alarm. Li Wenliang, Augenarzt in Wuhan, informiert seine Kollegen via WeChat über einen besorgniserregenden Krankheitsfall. Sieben Patienten würden seiner Kenntnis nach mit Verdacht auf eine SARS-Infektion im Zentralkrankenhaus der Stadt behandelt werden. Wenliang macht damit die chinesischen Behörden auf sich aufmerksam. Kurios: Am selben Tag gibt die Gesundheitskommission der Stadt die Anweisung, dass nur zuvor autorisierte Personen Informationen über die neuartige Lungenentzündung weitergeben dürfen.

31. Dezember 2019 China meldet offiziell die ersten Fälle an die WHO.

1. Januar 2020 Insgesamt acht Personen werden in China strafrechtlich belangt. Ihnen wird vorgeworfen, Falschinformationen über eine Krankheit im Internet verbreitet zu haben, was „negative soziale Folgen" haben könnte.

3. Januar 2020 Li Wenliang wird vom Sicherheitsbüro Wuhans ein Schreiben mit folgendem abschließenden Absatz zur Unterzeichnung vorgelegt: „Wir wünschen, dass Sie sich beruhigen und sorgfältig nachdenken und möchten Sie ernsthaft warnen: Wenn Sie weiter halsstarrig bleiben, Ihre Vergehen nicht bedauern und mit diesen illegalen Aktivitäten fortfahren, werden Sie strafrechtlich zur Rechenschaft gezogen. Haben Sie das verstanden?" Die Antwort des Arztes: 明白 – drei Schriftzeichen aus dem chinesischen Alphabet, die der Verbreitung des Coronavirus endgültig freie Bahn schaffen. Wenliangs Antwort bedeutet: „Ich habe verstanden."

Die Warnung des Arztes wird im Keim erstickt. Und das Virus? Verbreitet sich in der Folge rasant, vorerst ohne dass der Rest der Welt etwas davon mitbekommt.

9. Januar 2020 Die Gesundheitskommission der zentralchinesischen Metropole Wuhan gibt den weltweit ersten Corona-Todesfall bekannt. Ein 61-jähriger Mann stirbt an den Folgen der Infektion. Erklärte Todesursache: „Eine rätselhafte Lungenerkrankung."

14. Januar 2020 Das für China zuständige WHO-Regionalbüro vermeldet: „Voruntersuchungen der chinesischen Behörden haben keine eindeutigen Hinweise auf eine Mensch-zu-Mensch-Übertragung des in Wuhan identifizierten, neuartigen Coronavirus ergeben."

Wie sich drei Monate später herausstellen soll, gibt es exakt an jenem 14. Januar 2020 aber bereits einen alarmierenden Hinweis vom obersten Gesundheitsgremium Chinas, das in einem offiziellen Dokument über ein „Risiko" berichtet. Verrückt: Statt die Bevölkerung zu warnen, findet im Epizentrum der sich anbahnenden Pandemie trotzdem noch ein großes Volksfest mit zehntausenden Menschen statt. Zudem reisen mehrere Millionen Chinesen und ausländische Touristen durch die bereits verseuchte Region.

23. Januar 2020 Zu allem Überfluss betont Tedros Adhanom Ghebreyesus, Generaldirektor der Weltgesundheitsorganisation, dass es sich bei den Erkrankungen „nicht um einen international relevanten gesundheitsbezogenen Krisenfall" handele. Kaum zu glauben, aber er dankt in seiner Rede obendrein noch der chinesischen Regierung für ihre Kooperation und Transparenz.

25. Januar 2020 Allerdings lassen die ersten Zahlen zu den Infektionen in China das Ausmaß des Übels zu diesem Zeitpunkt bereits erahnen. Die Johns Hopkins University führt 486 Infektionen an, zwei Tage später sind es 802, sieben Tage darauf bereits 2089 – ein nicht mehr zu stoppendes exponentielles Wachstum.

Die chinesische Regierung versucht den Ausbruch – viel zu spät – mit harten Maßnahmen einzudämmen. Millionenstädte werden zu Geisterkulissen, die Menschen dürfen ihre Häuser nicht mehr verlassen, auf der Straße patrouilliert das Militär. Es kursieren sogar Aufnahmen, auf denen zu erkennen ist, wie die chinesische Polizei mit aufwendig präparierten Metallkonstruktionen ganze Wohnungen verriegelt. Paradox daran ist, dass es sich teils bei den eingesperrten Personen nicht etwa um bereits infizierte Personen und mögliche Quarantäne-Brecher handelt, sondern um noch gar nicht getestete Wuhan-Besucher, die ins über 1000 (!) Kilometer entfernte Langfang zurückgekehrt sind. Da beschwere sich noch jemand, dass diverse Lockdown-Varianten in Deutschland zu hart seien …

Bliebe noch die Frage zu klären: Woher kommt dieses SARS-CoV-2-Virus überhaupt? Die Antwort darauf lautet: Vielleicht werden wir es nie erfahren.
Als naheliegende Wahrscheinlichkeit gilt, dass ein Vorfall auf einem Wildtiermarkt in Wuhan der Auslöser der Pandemie ist. Dort soll das Virus von einer Fledermaus auf ein Schuppentier (Pangolin) übergesprungen sein, welches wiederum von Menschen verzehrt wurde.
Als zweite These steht die Herkunft aus einem Labor im Raum. In Wuhan gibt es ein virologisches Institut, in dem eine der weltweit größten Sammlungen von Fledermaus-Coronaviren beherbergt ist. Ein Team um die Virologin Zheng-Li Shi reiste gar mehrfach nach Yunnan, um Coronaviren von Fledermäusen zu isolieren. Verfechter der Labor-Hypothese sehen einen Versuchsunfall, der das Entweichen des Coronavirus begünstigte.

Verschwörungstheoretiker wollen den Ursprung gar bei Bill Gates sehen. Doch so gern alle Menschen ernst genommen werden sollten – das geht an dieser Stelle wirklich zu weit …

Exkurs: So erleben die weltweiten Interviewpartner die ersten Fälle

„Wie bei so vielen schlimmen Geschichten, die tagtäglich in der Welt passieren, war es ein Gefühl irgendwo zwischen ‚Oh, die Armen' und ‚uns wird es auf keinen Fall treffen'."

Corona und all die schlimmen Folgen scheinen zum damaligen Zeitpunkt – im Januar 2020 – unglaublich weit entfernt vom Rest der Welt zu sein. Wie sehr wir uns alle darin täuschen sollen, zeigen folgende Interviewausschnitte mit über den gesamten Globus verteilten Gesprächspartnern auf.

Diese Zeitzeugen der Pandemie leben zum einen in solchen Nationen, die besonders hart vom Virus getroffen wurden, oder zum anderen anderen in Ländern, von denen wir nur sporadisch bis gar keine Informationen bekommen haben.

Alexandra Bärenfeldt (Lehrerin) und Nikhil Kakkar (Fotograf) aus Delhi, Indien: „Es war zu jenem Zeitpunkt keine große Sache für uns. Wir wussten, dass in China ein Virus existiert. In Indien hat sich aber alles normal angefühlt, nur wenige haben eine Maske getragen. ‚Naja, China ist ja nicht gerade um die Ecke', war damals noch unser Gedanke."

Edgar Bernhardt (Fußball-Nationalspieler aus Kirgisistan) während der Pandemie in Bangladesch, Kirgisistan und Usbekistan aktiv: „Am Anfang habe ich das alles nur über die Medien mitbekommen. Da ging es ja erst einmal nur um China. Aber ich habe damals schon gewarnt: ‚Wartet das chinesische Neujahr ab'. (Anmerkung: *Das Chinesische Neujahrsfest begann 2020 am 25. Januar.*) In ihrem neuen Jahr fliegen viele Chinesen für einen Monat in den Urlaub – in viele Länder, über die gesamte Welt verteilt. Wir haben uns gedacht ‚Ok, da ist ein Virus, das geht bestimmt Richtung Grippe'. Aber die Spieler, die ich vor Ort kannte, haben mir dann offenbart, dass in China alles gesperrt sei, alle Straßen geräumt wären. Nicht einmal Gassi gehen durften sie dort. Da hat man sich natürlich ein wenig Gedanken gemacht, vor allem weil die Quarantäne (zu) spät kam. Viele Chinesen waren nämlich bereits ausgeflogen."

Lauro Böni (Freelancer) aus Zürich, Schweiz: „Hier und da habe ich kurz was in der Zeitung gelesen oder im Fernsehen mitbekommen, aber um ehrlich zu sein, ich habe es belächelt. ‚In China, da passiert halt sowas. Dort leben viele Menschen auf engem Raum. Für uns ist es keine Bedrohung.' Und damit war ich bestimmt nicht der Einzige. Dass Corona aber keine 08/15-Krankheit ist, war dann aber schnell zu erahnen."

Claudia Castelli (Mitarbeiterin im Digital Marketing einer Reiseagentur) aus Mailand, Italien: „In meinem Beruf will ich Leute dazu animieren zu reisen und sich die schönsten Attraktionen in vielen Ländern anzuschauen. Dass das alles plötzlich nicht mehr möglich sein sollte, war für uns völlig undenkbar. Wie bei so vielen schlimmen Geschichten, die tagtäglich in der Welt passieren, war es ein Gefühl irgendwo zwischen ‚Oh, die Armen' und ‚uns wird es auf keinen Fall treffen'. So war es bei mir auch 2019, als mich eine schlimme Krankheit erwischte. Völlig aus dem Nichts. So hat es sich auch mit Corona angefühlt – völlig aus dem Nichts. Wir haben an die vielen Betroffenen in China gedacht: ‚Das ist schrecklich, hoffentlich endet es schnell für sie.‘ Aber hier, bei uns vor der Haustür? Selbst die Regierung hat nicht wirklich daran geglaubt. Viele, mich eingeschlossen, dachten: ‚Ach, das ist ja nur eine Grippe‘.“

Phil Gaskell (Rollstuhlbasketball-Profi) aus Liverpool, Großbritannien: „Ganz ehrlich? Niemand hätte es in Großbritannien für möglich gehalten, dass es auch bei uns zu so einem schlimmen Ausbruch kommen könnte. Niemand!“

Hendrik Helmke (deutsch-brasilianischer Fußballer), der zur Zeit des Corona-Ausbruchs in Brasilien auf Jobsuche weilt: „Im Januar hat in Brasilien noch niemand über Corona gesprochen. Mit Hinblick auf den Karneval (*Anmerkung: 21. bis 26. Februar 2020*) wurde das Thema komplett unter den Tisch gekehrt. Der Karneval ist den Menschen hier heilig, da wollte niemand an eine Krankheit oder gar ernsthafte Bedrohung denken.“

Tino Jaugstetter (für Lufthansa arbeitend) aus Almaty, Kasachstan: „Es wurde alles auf die leichte Schulter genommen. Da muss man den Tatsachen auch ins Augen blicken, hier herrscht ein Regime. Sie denken zwar, es sei eine Demokratie, aber davon ist Kasachstan weit entfernt. Die komplette Wahrheit wirst du hier also ohnehin nicht erfahren. Und in China ist das doch ähnlich. Ich bin der festen Überzeugung, dass das Virus dort schon Ende November, Anfang Dezember 2019 ausgebrochen ist. So oder so, es wurde erst einmal nichts gesagt. China ist der größte Handelspartner Kasachstans, die Leute sind hier in Massen ein- und ausgereist. Und wir sollen bis März keine Infektionen gehabt haben? Die Fallzahlen bleiben bis zur Gegenwart eine große Farce."

Josef Kilit (Restaurant- und Clubbesitzer) aus Jönköping, Schweden: „Im Nachhinein sind wir bekanntlich immer schlauer. Aber ich hatte schon früh als ersten Gedanken: ‚Mist, was ist da in China los? Kann uns das auch in Europa treffen?' Meine Frau arbeitet im Krankenhaus, es galt durchaus schon etwas Alarmbereitschaft. Wir hatten bei uns in der Stadt den ersten positiven Befund Schwedens überhaupt. Am 31. Januar 2020 wurde bei einer chinesischen Austauschstudentin das Virus festgestellt. Sie hatte schon bei der Einreise die typischen Symptome, aber damals gab es ja noch überhaupt keine Vorkehrungen."

Fred Sosa (Texter) aus New York, USA: „Wenn wir mal etwas mitbekommen haben, dann wurde eine mögliche Bedrohung in der Berichterstattung komplett heruntergespielt. Ich hätte es ehrlich gesagt niemals für möglich gehalten, dass wir in so eine Situation kommen werden. Aber um ganz offen und realistisch zu sein, es gab schon damals viele Anzeichen dafür. Dennoch wurden keinerlei Warnungen von offizieller Seite ausgesprochen, alles nahm weiterhin seinen geregelten Lauf. Wir gingen ganz normal zur Arbeit, haben uns mit Freunden getroffen, große Events wurden besucht. Alles war wie immer, bis der große Knall kam."

Christine Sperling (Fashion Buyer) aus Wien, Österreich: „Corona? Das war damals nichtig. Mehrere tausend Kilometer entfernt, wir haben es überhaupt nicht ernst genommen. Ich habe im Januar 2020 völlig bedenkenlos einen Sri-Lanka-Trip für Ende März gebucht."

Lennart Thy (Profifußballer) aus Rotterdam, Niederlande: „Ich habe Corona anfangs belächelt. Da war ein Großteil der Menschheit mehr oder weniger erleichtert darüber, dass es fast nur in China zu Fällen gekommen ist und wir hier in Europa gefühlt keinerlei Berührungspunkte mit COVID-19 hatten. Alles war ganz entspannt, wir haben normal und vor vielen Zuschauern gespielt, konnten Freunde treffen. Von so einem katastrophalen Ausmaß war damals überhaupt nicht auszugehen."

Katrin von der Weppen (Lehrerin) aus Kapstadt, Südafrika: „In Südafrika ist alles sehr, sehr spät angekommen. Nicht nur, was das Virus an sich betrifft, sondern auch die entsprechenden Nachrichten und Informationen. Der Gedanke war: ‚Irgendein Problem in China.' Bei uns hat alles ganz normal seinen Lauf genommen. Ich habe wie immer unterrichtet, die Schüler waren vollzählig in der Schule. Natürlich wissen wir um das schwach ausgeprägte Gesundheitssystem vor Ort und die immense Ansteckungsgefahr in den dicht besiedelten Townships, aber wahrhaben wollte die Gefahr niemand. Was da Dramatisches auf den gesamten Kontinent zurollen sollte, war definitiv noch nicht an unserem Horizont aufgetaucht."

Das Virus überfällt die Welt
(Januar 2020 bis März 2020)

„Deutschland hat seinen ersten Corona-Fall!"

27. Januar 2020 Corona ist in Deutschland bis dahin für kaum jemanden greifbar. Wie denn auch? Die Infektionen liegen 8000 Kilometer in der Ferne. Kaum etwas ist bekannt. Doch das alles soll sich schlagartig ändern.

Ein 33-jähriger Mitarbeiter beim Autozulieferer Webasto in Gauting (bei München) steckt sich bei einer aus China angereisten Kollegin an. Diese weilt für drei Tage in Deutschland. Das für alle zu jener Zeit Verwirrende ist, dass die Frau keinerlei Symptome während des Aufenthalts zeigt – keinen Husten, keinen Schnupfen. Absolut gar nichts. Und selbst wenn, es wäre ohnehin die normale Zeit für eine typische Erkältung oder Grippe. Also stecken sich neben dem erwähnten Mann noch drei weitere Kollegen an, die wiederum andere infizieren. Eine dieser Infektionen, so wird nachverfolgt, entsteht einzig durch das Weiterreichen eines Salzstreuers.

Können solche unglücklichen Zufälle verhindert werden? Aus der damaligen Perspektive schlicht und einfach unmöglich. So reist die Patientin Null nach China zurück, um erst dort von ihrer Corona-Infektion zu erfahren. Das Virus ist also in Deutschland angekommen.

30. Januar 2020 Nur drei Tage nach den folgenschweren Erstinfektionen sagt Gesundheitsminister Jens Spahn: „Nein, ein Mundschutz ist nicht notwendig, weil das Virus gar nicht über den Atem übertragbar ist." Woher

Spahn, der noch sehr häufig für seine Interpretationen ins Kreuzfeuer geraten wird, diese vehemente Sicherheit nimmt, bleibt bis heute schleierhaft. Seine europäischen Kollegen stehen ihm allerdings in nichts nach. Italiens damaliger Ministerpräsident Giuseppe Conte legt noch einen obendrauf: „Die Situation ist unter Kontrolle."

Beide verheerenden Aussagen fallen übrigens genau auf den Tag, an dem die WHO das Coronavirus zur Gesundheitlichen Notlage erklärt. Nicht etwa allein in China – nein, eine Notlage internationaler Tragweite.

Corona-Infektionszahlen (30. Januar 2020, 20 Uhr)
Land = Infektionen | an/mit Corona verstorben
Australien = 0 | 0
Bangladesch = 0 | 0
Brasilien = 0 | 0
China = 9.802 | 171
Deutschland = 5 | 0
Griechenland = 0 | 0
Großbritannien = 2 | 0
Indien = 1 | 0
Italien = 2 | 0
Kasachstan = 0 | 0
Niederlande = 0 | 0
Österreich = 0 | 0
Schweden = 0 | 0
Schweiz = 0 | 0
Spanien = 0 | 0
Südafrika = 0 | 0
USA = 0 | 0
Weltweit = 9.908 | 171

(*Anmerkung: *Diese Länder werden im weiteren Verlauf des Buches regelmäßig aufgelistet, weil die Interviewpartner aus diesen Ländern stammen, beziehungsweise dort leben. Quelle: https://coronavirus.jhu.edu/map.html*)

6. Februar 2020 Li Wenliang, der chinesische Augenarzt, der erstmals über die neuartigen SARS-Infektionen berichtet hat, stirbt im Alter von nur 34 Jahren. Offizielle Todesursache laut chinesischer Behörden: Corona.

21. Februar 2020 Währenddessen lassen sich die Brasilianer nicht stoppen. Wie denn auch, steht doch der Karneval bevor. Da wird sich Corona wohl ein wenig gedulden können, oder? Das denken sich scheinbar die mehr als sieben Millionen Feierwütigen am Zuckerhut. COVID-19 feiert munter mit. Wie es der Zufall ergibt, vermelden die brasilianischen Behörden den ersten positiven Befund pünktlich für den letzten Tag des Karnevals.

24. Februar 2020 Einige Präsidenten und Machtinhaber überbieten sich in dieser Zeit mit Behauptungen, die sich bis ins Unermessliche toppen. Im Iran ist sich Präsident Hassan Rouhani sicher: „Das ist ein Komplott unserer Feinde, das Land in einen Stillstand zu zwingen."

26. Februar 2020 US-Präsident Donald Trump erklärt lapidar: „Wir haben nur wenige Leute damit. Und denen geht es besser, allen geht es besser. Die ganze Sache wird gutgehen und das Problem wird wie durch ein Wunder verschwinden." Aber ganz im Gegenteil, Trump wird in der Zukunft noch sein ganz persönliches Corona-Wunder erleben …

3. März 2020 Auch Großbritanniens Premierminister Boris Johnson lässt sich zu einer fatalen Aussage hinreißen: „Wir sollten wie gewohnt weitermachen. Kein Thema, wir haben es im Griff." Außerdem prahlt er damit, wie er Menschen in einem Krankenhaus – auch Corona-Patienten – die Hände geschüttelt habe. Er würde dies auch weiterhin machen. Na dann, herzlichen Glückwunsch, Herr Premier. Zwei Wochen später wird sein Land komplett verseucht sein und keine freien Intensivbetten mehr haben.

8. März 2020 Eine prominente Frau sorgt in Spanien für mächtiges Kopfschütteln. Es sind Bilder, die zu diesem Zeitpunkt der Pandemie unglaublich wirken: María Begoña Gómez Fernández, die Gattin des spanischen Ministerpräsidenten Pedro Sánchez, läuft an der Spitze einer Massenkundgebung zum Weltfrauentag in Madrid – 120.000 (!) Menschen haben sich dazu versammelt, trotz hoher Infektionszahlen. (Anmerkung: *Gómez infiziert sich offiziell drei Wochen später selbst mit dem Virus.*)

9. März 2020 Das erste Land schiebt einen Riegel vor. Die leichtsinnigen Aussagen von Ministerpräsident Conte aus dem Januar sind längst überholt, Italien wird von dem Virus förmlich überrollt. Folgerichtig setzt die erste strikte Ausgangssperre in Europa ein.

11. März 2020 Spanien folgt unmittelbar darauf mit einem ähnlich strengen Lockdown. Trotzdem dürfen 3000 Fußballfans aus Madrid bedenkenlos nach Großbritannien reisen, um dem Champions-League-Spiel zwischen dem FC Liverpool und Atlético Madrid beizuwohnen.

Es ist eines der internationalen Superspreading-Events, bei dem „Brot und Spiele" der Gesundheit der Menschen vorangestellt werden. Dies räumt Prof. Matthew Ashton, Direktor für Gesundheit der Stadt Liverpool, später indirekt ein: „Der Ernst der Lage wurde zu diesem Zeitpunkt nicht verstanden."

Exkurs: Ischgl - der Superspreading-Hotspot

„Das Risikomanagement, was in Ischgl an den Tag gelegt wurde, zeigt, dass es den Verantwortlichen wichtiger war, ihren Umsatz zu steigern und das Image zu wahren, als sich darum zu kümmern, was die Gäste wirklich benötigen."

Jonas P. (Anmerkung: *Name aus Schutz der Person gekürzt*) ahnt Anfang März 2020 nichts, als er sich mit Freunden auf den Weg ins österreichische Skiparadies Ischgl macht. Zu dieser Zeit gibt es – wie sich im Nachhinein herausstellt – bereits Infektionen vor Ort. Gemeldet werden sie allerdings viel zu spät. Die folgende zeitliche Auflistung zeigt den „Spreading-Schrecken", der in einer Corona-Tragödie für ganz Europa endet.

3. März 2020 Eine Reiseleiterin aus Island informiert ein Hotel vor Ort, dass es in ihrer Reisegruppe zwei Corona-Fälle gegeben habe.

4. März 2020 Dr. Thórólfur Gudnason, Chef-Epidemiologe Islands, schickt der zuständigen Behörde in Wien eine Benachrichtigung über vermehrte Infektionen bei Ischgl-Heimkehrern.

5. März 2020 Aus Island werden alle Hotels übermittelt, in denen Infizierte wohnten, insgesamt sind es deren fünf. Der wichtige Hinweis dabei: Die isländischen Touristen hätten sich untereinander nicht getroffen, dementsprechend gibt es mehrere Infektionsherde. Eine Reaktion aus Österreich? Fehlanzeige!

7. März 2020 Jonas trifft mit 16 Freunden in Ischgl ein. „Wir hatten sogar noch das Gefühl, es mit Humor nehmen zu können. Es konnte ja niemand ahnen, was dort bereits grassiert."

8. März 2020 Ein Barkeeper der Après-Ski-Bar „Kitzloch" infiziert sich mit dem Virus. Dieses Mal wird der Fall auch von den Behörden bestätigt und gemeldet. Trotzdem verharmlost die Landessanitätsdirektion Tirol das Virus weiterhin und schreibt: „Eine Übertragung auf Gäste der Bar ist aus medizinischer Sicht eher unwahrscheinlich." Heißt: Die Bar wird desinfiziert, die Party geht weiter.

9. März 2020 Insgesamt 15 (!) Personen aus dem Umkreis des Barkeepers werden tags darauf positiv getestet. Das „Kitzloch" wird geschlossen. Andere Skihütten und Bars bleiben geöffnet, der Skibetrieb ebenfalls.

11. März 2020 Der erste Abend ohne Après-Ski in Ischgl. Vereinzelte Maßnahmen werden durchgeführt, aber die Skipisten bleiben weiter offen. Jonas berichtet über die skurrile Szenerie: „Es durften nur noch 14 statt 28 Personen in die Gondeln. Das Gedränge vor den Gondeln wurde dadurch umso heftiger."

13. März 2020 Die Skisaison wird offiziell für beendet erklärt. Auch Jonas und seine Freunde reisen ab.

Insgesamt infizieren sich zehn Mitglieder der 17-köpfigen Reisegruppe. „Ich war ebenfalls Corona-positiv", teilt Jonas mit. Mit den Ischgl-Verantwortlichen geht er hart ins Gericht: „Das Risikomanagement, was in Ischgl an den Tag gelegt wurde, zeigt, dass es den Verantwortlichen wichtiger war, ihren Umsatz zu steigern und das Image zu wahren, als sich darum zu kümmern, was die Gäste wirklich benötigen."

Eineinhalb Jahre später startet Mitte September 2021 der „Ischgl-Prozess". Es klagt unter anderem eine Frau, die nun Witwe ist. Ihr Mann ist an Corona verstorben, soll sich beim Abreise-Chaos angesteckt haben. Die Frau fordert rund 100.000 Euro Schadensersatz von der österreichischen Regierung. Sie und weitere Kläger werfen den Entscheidungsträgern vor, (viel) zu spät gehandelt, im Umgang mit COVID-19 versagt und damit zur Verbreitung des Virus beigetragen zu haben.

Exkurs: Das Horror-Szenario beim Corona-Test

„Sind Sie sicher, dass es nicht nur eine Grippe ist?"

Wie ernst die Lage in Deutschland ist, bekomme ich selbst am 12. März 2020 zu spüren. Mein Kopf brummt, ich habe Gliederschmerzen, der Hals kratzt und die Nase ist dicht. Es sind einerseits natürlich die typischen Symptome einer normalen Männergrippe. Aber in Pandemie-Zeiten ist eben nichts mehr normal. Also greife ich zum Hörer.

9.28 Uhr Erster Anruf beim Allgemeinmediziner. Die Auskunft: „Wir nehmen niemanden an." Zweiter Anruf, wieder keine Chance auf einen Termin. Stattdessen bekomme ich immerhin die Empfehlung für eine sogenannte Corona-Annahmestelle.

In der dortigen Hotline versucht die Dame, mir die Beschwerden auszureden: „Sind Sie sicher, dass es nicht nur eine Grippe ist?" Gegenfrage: „Woher soll ich das wissen?" Beruflich hatte ich einige Termine in den vorangegangenen Tagen wahrgenommen, mindestens einer davon mit Kontakt eines Verdachtsfalls. Noch einmal die Klinik-Mitarbeiterin: „Na ja, da wird an vielen Stellen jetzt auch übertrieben." Ich bin zum ersten Mal entsetzt, wie lapidar mit dem immer schlimmer grassierenden Coronavirus umgegangen wird. Dann noch abschließend der Hinweis: „Sie kommen auf eigene Verantwortung. Bringen Sie fünf bis sechs Stunden Wartezeit mit. Wir sind hoffnungslos überfüllt."

10.46 Uhr Ich treffe auf dem Klinikgelände ein. Auf dem Vorplatz von Haus 19 ist ein provisorisches Zelt errichtet. Dort warten bereits 40 Menschen auf knapp 30 Quadratmetern Fläche auf ihren Aufruf, von einem Mindestabstand keine Spur.

Dann folgt die nächste Überraschung. Nach dem Ausfüllen des Fragebogens frage ich rhetorisch: „Den Kugelschreiber (Anmerkung: *Für den großen Auflauf an Menschen liegen exakt drei Kugelschreiber parat*) kann ich jetzt ja in den Mülleimer werfen, oder?" Die Antwort der Ordnerin: „Nee, den brauchen wir noch!" Ich hake völlig verdutzt nach: „Wie?" Ihre Reaktion: „Was sollen wir denn machen?"

Scheitert der Schutz der Gesundheit wirklich schon an fehlenden Kugelschreibern? Noch einmal zur Erinnerung: Hier warten in Scharen Verdachtsfälle – Anstecken spielend leicht gemacht.

10.57 Uhr Die Stimmung im Zelt ist bedrückend. Die Menschen kommen herein, vereinzelt mit einem Mundschutz, nehmen auf Bierzeltgarnituren und Klappstühlen Platz. Schaue ich doch einmal hoch und muss gezwungenermaßen husten, ernte ich misstrauische Blicke. Drei Heizpilze spenden den Wartenden bei acht Grad Außentemperatur immerhin ein wenig Wärme. Neben dem Zelt sind drei Dixi-Klos aufgestellt. Desinfektions-Stationen? Fehlanzeige.

12.16 Uhr Die Nummern 305 und 306 werden aufgerufen. Angefangen hatte die Wartezeit für mich bei der 301. Das heißt, sechs Patienten in eineinhalb Stunden. Gerüchten zufolge soll es ganz genau eine Ärztin geben. Ich habe übrigens die Nummer 343 …

13.34 Uhr Es wird etwas lauter, die Menschen gesprächiger. Die Siebtklässlerin neben mir ist auf Skifahrt in Nordtirol gewesen, an ihrer Schule gibt es scheinbar einen positiven Befund. Sie grummelt: „Ich will nur diesen blöden Test machen, nach Hause gehen und einen Döner essen."

14.11 Uhr Nummer 321. Die Hälfte ist fast geschafft – nach dreieinhalb Stunden warten auf der Holzbank.

15.11 Uhr Ein Pizza-Lieferant fährt vor. Einer der Wartenden hat es nicht mehr ausgehalten.

15.46 Uhr „Die Nummer 343 bitte." Plötzlich geht es verhältnismäßig schnell. Ein zweiter Arzt ist dazugestoßen. Noch einmal eine letzte Abfrage, wo ich denn zuletzt gewesen sei und welche Symptome ich hätte, dann folgt der Abstrich – Rachen links, Rachen rechts, Nase links, Nase rechts. Dauer: knapp 30 Sekunden.

Das Fazit nach fünf Stunden Wartezeit und einem halbminütigen Corona-Test: Quarantäne für die kommenden zwei bis vier Tage, denn so lange kann es bis zu einer Benachrichtigung dauern. Diese gibt es übrigens nur bei einem positiven Befund. Ich gehe mit einem mulmigen Gefühl und der Erkenntnis nach Hause, dass wir überhaupt nicht auf diese Krisensituation vorbereitet sind. Aus den Erlebnissen dieses Tages entspringt übrigens auch die Idee für dieses Buch.

Die Welt im Shutdown - die erste Welle
(März 2020 bis April 2020)

„Das Corona-Virus verändert unser Leben derzeit drama-
tisch. Wir werden auf die Probe gestellt, wie nie zuvor.
Es ist ernst. Nehmen Sie es auch ernst."

17. März 2020 Nun registriert auch die deutsche Politik, dass es mit den bis dahin spärlich getroffenen Maßnahmen nicht weitergehen kann. Als Bundesaußenminister Heiko Maas die weltweite Reisewarnung ausspricht, geschieht Historisches. Nie zuvor hat es so etwas in der Geschichte der Bundesrepublik Deutschland aufgrund einer Krankheit gegeben. Denn Reisewarnungen gibt es nur dann, wenn Gefahr für Leib und Leben besteht – wie vor allem für Kriegs- und Krisengebiete.

18. März 2020 Ähnlich drastisch wie die Amtshandlung des Außenministers sind auch die Worte von Bundeskanzlerin Angela Merkel: „Das Coronavirus verändert unser Leben derzeit dramatisch. (…) Es ist ernst. Nehmen Sie es auch ernst. Seit der Deutschen Einheit, nein, seit dem Zweiten Weltkrieg gab es keine Herausforderung an unser Land mehr, bei der es so sehr auf unser gemeinsames solidarisches Handeln ankommt."
Die Konsequenz daraus ist der erste Lockdown. Und damit einhergehend: keine Umarmungen mehr, keine Kaffee-Dates. Alles ist dicht. Selbst Berlin, die niemals ruhende Hauptstadt, ist gefühlt wie ausgestorben. Fast wie in einem Science-Fiction-Film. Mit dem Unterschied, dass im wahren Leben zu diesem Zeitpunkt kein

Ende in Sicht ist. Die Maßnahmen von Bund und Ländern, damals übrigens noch im Einklang verabschiedet, lauten im Detail:

- Beschränkungen sozialer Kontakte im Allgemeinen
- Aufenthalt im öffentlichen Raum nur mit Personen des eigenen Haushalts oder mit einer weiteren Person außerhalb des eigenen Hausstands gestattet
- Mindestabstand von 1,50 Meter
- Schließung der Gastronomie und nahezu aller Dienstleistungseinrichtungen

Die Kanzlerin weiß: „Es sind Einschränkungen, wie es sie in der Bundesrepublik noch nie gab."

Eine Bushaltestelle in Berlin weist mit einem tierischen Vergleich auf die Abstandsregel hin. Bild: Mia Elisabeth Viertl

21. März 2020 Was folgt, sind bedrückende Wochen und Monate. Auch eine ganz spezielle Begegnung beim Hundespaziergang wird mir für immer in Erinnerung bleiben. In einem Buch hätte es die Unterhaltung eines weisen Großvaters mit seinem jungen Enkel sein können. „Weißt du, damals, da war alles anders. Damals, vor Corona." Doch stattdessen ist es ein 5-jähriger (!) Junge aus der Nachbarschaft, der mich mit folgenden Worten belehrt: „Du musst aufpassen, wir müssen leider Abstand halten." Ich konzentriere mich also einerseits darauf, dass unser Vierbeiner vorsichtig mit dem Kind umgeht, ich mich aber im selben Atemzug nicht näher als 1,50 Meter an den Nachbarjungen annähere. Er nimmt dies wohlwollend zur Kenntnis, muss sogar einmal kurz lachen, um dann aber doch wieder ernst zu werden: „Weißt du, als ich klein war, da gab es noch kein Corona." Mir fehlen die Worte. So direkt, aber zugleich auch so viel Sensibilität von einem Kind. Wie muss sich das für ihn wohl anfühlen, in dieser Zeit aufzuwachsen?

22. März 2020 Der erste Lockdown in Deutschland tritt in Kraft.

24. März 2020 Die Olympischen Spiele in Tokio, das Sport-Event des Jahres, sind vorerst abgesagt und ins Jahr 2021 verschoben. Ein historisches Ereignis, denn eine solche Verlegung um ein Jahr gab es nie zuvor. Dreimal wurden die Spiele komplett abgesagt: 1916, 1940 und 1944 – jeweils aufgrund der Weltkriege.

Exkurs: Olympia-Aus für 2020 -
Das sagen die Sportler

Die Verschiebung der Olympischen Spiele bedeutet für rund 11.000 Sportler einen gravierenden Einschnitt in ihre Zukunftspläne. Für (mindestens) ein Jahr sind all die Mühen und all der Schweiß aufgeschoben, ersetzt durch zahlreiche Fragen und Ungewissheiten. Welche Bedenken es gibt, erklären drei potenzielle Tokio-2020-Teilnehmer. Sie geben Einblicke in ihre Gefühlswelt nach der Verschiebung.

Handballer Marcel Schiller: „Wir hatten uns ehrlich gesagt schon längere Zeit auf eine Absage vorbereitet. Die Handball-Bundesliga-Saison wurde frühzeitig abgebrochen, eigentlich hat da niemand auch nur einen Gedanken an Olympia verschwendet, auch ich persönlich nicht. Die Spiele waren noch so weit weg, zumal ich zum damaligen Zeitpunkt nur die Nummer drei auf Linksaußen gewesen bin. Das sollte sich zum Glück dann noch positiv für mich ändern."

Tennisspieler Jan-Lennard Struff: „Es gab keine andere Wahl, aber natürlich hat die Absage wehgetan. Jeder Sportler will die Olympischen Spiele aufsaugen und sein Land dort vertreten. Ich versuche aber aus allem immer das Positive zu ziehen, nun war ich also einfach mal für längere Zeit zu Hause. Sowas durfte ich die vorherigen zehn Jahre quasi nie erleben. Derart viel Freizeit mit der Familie verbringen zu können, war ein mehr als adäquater Ersatz."

Diskuswerfer Martin Wierig: „Die Absage in 2020 müssen wir unterteilen: Das eine ist das Sportliche, das andere das Gesellschaftliche. Von der vernünftigen Seite aus betrachtet, rein gesellschaftlich gesehen, war es komplett die richtige Entscheidung. Sportlich gesehen gibt es bei so einer Entscheidung immer Gewinner und Verlierer. Für mich lief es 2019 ziemlich gut, ich hatte mir eine ordentliche Ausgangsposition geschaffen. Daher war ich – sportlich betrachtet – doch ziemlich traurig. Im Anschluss an die Absage musste ich durch ein kleines Tief, plötzlich stehst du erstmal im Nichts. Da habe ich mich aber zum Glück schnell wieder herausgekämpft. Für uns älteren Athleten ist so ein verlorenes Jahr eher kontraproduktiv. Die Jüngeren hingegen profitieren davon, können weiter Erfahrung sammeln und dazu stoßen."

Das leere Olympiastadion in Tokio als Sinnbild. Die Spiele finden 2020 nicht statt. Bild: Dennis Schlüter

28. März 2020 „Danke. Von ganzem Herzen. Danke."
Wofür genau sich Angela Merkel in einer Pressekonferenz bedankt? Dafür, dass sich ein Großteil der Bundes-
bürger bisher an die Kontaktverbote gehalten hat. Wir
werden also zu guten Menschen, indem wir andere
Menschen meiden. Es ist paradox, aber gleichzeitig auch
unvermeidbar, um die erste Infektionswelle irgendwie
in den Griff zu bekommen.

1. April 2020 In Turkmenistan ist ein exponentielles
„Wellen-Wachstum" hingegen nicht möglich. Besser gesagt, es ist gar kein Wachstum möglich. Denn das Land
in Zentralasien am Kaspischen Meer hat mit Gurbanguly Berdimuhamedow einen ziemlich rigorosen Herr-
scher als Machtinhaber. Und was machen solche Menschen dann eben einfach mal so? Sie treffen völlig groteske Entscheidungen, die alle mitzutragen haben. Also
wird in Turkmenistan das Wort „Coronavirus" kurzerhand verboten. Wenn man es nicht sagen darf, ist das
Virus natürlich auch nicht da …

2. April 2020 Skurril ist auch folgende Entscheidung in
Peru: Frauen dürfen am Montag, Mittwoch, Freitag und
Sonntag das Haus nicht verlassen. Männer müssen am
Dienstag, Donnerstag, Samstag und ebenfalls am Sonntag daheim bleiben. Die Begründung laut Präsident
Martín Vizcarra: „Wir müssen dafür sorgen, dass weniger Menschen täglich auf der Straße sind." Schließlich
würden sich die beiden Geschlechter sehr voneinander
angezogen fühlen.

3. April 2020 Ein Ausgehverbot, das Netflix definitiv in die Karten spielt. Der US-Konzern ist einer der Gewinner der ersten Pandemie-Welle. Im ersten Quartal des Jahres kann der Streaming-Anbieter insgesamt 15,8 Millionen Neukunden verzeichnen – doppelt so viele, wie von der Forschungsgruppe „FactSet" vorhergesagt. Weitere potenzielle Neukunden beschert der US-Bundesstaat Kentucky dem Anbieter mit einem Urteil: Vier Bürger bekommen elektronische Fußfesseln verpasst, weil sie sich nicht an die Corona-Regeln gehalten haben.

Corona-Infektionszahlen (3. April 2020, 20 Uhr)
Land = Infektionen | an/mit Corona verstorben
Australien = 5.330 | 28
Bangladesch = 61 | 6
Brasilien = 9.100 | 359
China = 82.509 | 3.326
Deutschland = 89.451 | 1.208
Griechenland = 1.613 | 59
Großbritannien = 38.688 | 3.611
Indien = 3.059 | 86
Italien = 115.242 | 13.915
Kasachstan = 460 | 6
Niederlande = 15.819 | 1.490
Österreich = 11.444 | 168
Schweden = 6.475 | 605
Schweiz = 19.303 | 573
Spanien = 117.710 | 10.935
Südafrika = 1.505 | 7
USA = 257.773 | 6.586
Weltweit = 1,09 Mio. | 62.574

4. April 2020 Es muss aber gar nicht immer der Blick in die Ferne sein, um skurrile Corona-Urteile- oder Maßnahmen zu finden. Auch Deutschland steht dem häufig in nichts nach. Ein Beispiel gefällig? In Dortmund bitten die Behörden darum, dass die Besucher des beliebten Ausflugsziels Phoenix-See nur im Uhrzeigersinn ihre Runden drehen sollen. Ansonsten seien die Abstandsregeln nämlich nicht einzuhalten.

6. April 2020 Eine Nadia hat sich in New York infiziert. Soweit kein Aufsehen erregender Zwischenfall – wäre die 4-jährige Nadia nicht ein Tiger. Sie wird im Bronx Zoo in New York als erste Großkatze weltweit positiv auf das Virus getestet.

7. April 2020 Die Behörden in der französischen Hauptstadt Paris wollen Corona sprichwörtlich noch mehr Stöcke zwischen die Beine werfen. Besser gesagt: Die Beine sollen ruhen. Zwischen 10 bis 19 Uhr wird Sport an der frischen Luft gänzlich verboten.

8. April 2020 Der nächste Schauplatz ist wiederum sportlicher Herkunft – Wimbledon, das Tennis-Mekka. Als hätten es die Veranstalter des Grand Slam auf dem Heiligen Rasen vorhersagen können, schlossen sie bereits 2003 (!) eine „Virusklausel" ab. Damals wütete weltweit mit der SARS-Pandemie eine gravierende Infektionskrankheit, sodass sich die Organisatoren zum Handeln gezwungen sahen. Sie zahlten fortan umgerechnet 1,7 Millionen Euro jährlich, um im Falle einer ähnlichen Situation abgesichert zu sein. Nun trifft genau dieser wahnsinnige Fall ein – und beschert dem All England Lawn Tennis Club immerhin einen Schadensersatzanspruch in Höhe von knapp 114 Millionen Euro.

9. April 2020 Finanziell zwar geringer zu fürchten, aber mindestens genauso ernst zu nehmen, sind die Sorgen von vier Kindern aus Saalfeld. Sie wenden sich mit einem „Corona-Hilfebrief" an die Polizei und schreiben: „Wir vier Kinder machen uns Sorgen, dass nun auch der Osterhase in Quarantäne ist und wir keine Ostereier oder leckere Schokolade suchen dürfen."

10. April 2020 In New York ist die Situation bereits so verheerend fortgeschritten, dass Massengräber angelegt werden müssen. Auf Hart Island heben Bagger die Erde aus, damit die Arbeiter Leichen in Särgen neben- und übereinander stapeln können. Anschließend werden die Gräber mit einer Planierraupe wieder zugeschüttet.

11. April 2020 Ein berührender Hoffnungsschimmer kommt aus Großbritannien. „Ich konnte es nicht glauben", sagt Perpetual Uke, die das kleine Wunder selbst vollbracht hat. Die Britin war an COVID-19 schwer erkrankt und musste in ein vierwöchiges Koma versetzt werden. In dieser Zeit brachte sie trotzdem ein gesundes Zwillingspärchen zur Welt. Die Mutter erlangte 16 Tage nach dem Kaiserschnitt wieder ihr Bewusstsein und dachte aufgrund des fehlenden Schwangerschaftsbauches, ihre Babys verloren zu haben. Stattdessen kam das Mädchen mit 770 Gramm zur Welt, der Junge brachte 850 Gramm auf die Waage.

17. April 2020 „Da die Leistungsbewertung in diesem Schulhalbjahr nur eingeschränkt möglich sein wird, soll in der Regel eine Versetzung erfolgen." In Hessen wird der Traum vieler Schüler wahr: Nichts machen und trotzdem nicht sitzenbleiben können.

18. April 2020 Unterdessen gibt es aus Bangladesch an jenem Tag verstörende Bilder zu sehen. Im südasiatischen Staat besteht eigentlich eine strenge Ausgangssperre, zu Beerdigungen sind maximal 50 Personen zugelassen. Zur Trauerfeier eines beliebten Priesters kommen stattdessen 100.000 Menschen. Polizeichef Shadat Hossain Titu stellt im Anschluss verzweifelt fest: „Die Menge war außer Kontrolle."

19. April 2020 US-Präsident Donald Trump sorgt weltweit mit folgender Aussage für Kopfschütteln: „Der Rest der Welt schaut auf uns und sie respektieren, was wir getan haben. Ich weiß, dass niemand anderes hätte tun können, was wir getan haben." 769.684 Corona-Infizierte und 42.929 Tote sind für diese steile These allerdings nicht der beste Beweis.
Noch irrer ist nur der brasilianische Präsident Jair Bolsonaro. Die Gouverneure der brasilianischen Bundesstaaten haben kurz zuvor Ausgangsbeschränkungen verhängt. Einigen Bürgern gefällt das gar nicht, sodass sich vor dem Hauptquartier der Armee in Brasilia eine Demonstration von rund 600 Demonstranten bildet. Und Bolsonaro? Der marschiert einfach mit und verkündet: „Ihr müsst für euer Land kämpfen. Es hat keinen Sinn, davor weglaufen zu wollen. Wir werden uns ohnehin anstecken." Man stelle sich das mal bildlich vor:

Der Berliner Senat verabschiedet seine Infektionsschutz-maßnahmenverordnung – und Angela Merkel demonstriert vor dem Reichstag in vorderster Reihe dagegen. Unfassbar!

20. April 2020 Der Nothilfedirektor der Weltgesundheitsorganisation, Dr. Mike Ryan, nimmt die Illusion einer Herdenimmunität durch Masseninfektionen und spricht davon, dass Menschen nach einer durchlebten Corona-Erkrankung nicht zwingend dauerhaft immun seien. Er wird damit in Millionen von Fällen Recht behalten. Mit der Aussage widerspricht der WHO-Offizielle auch der bis dahin gültigen Einschätzung des RKI.

21. April 2020 Es gibt einen weiteren Hinweis darauf, dass große Volksfeste deutschland- und weltweit im Jahr 2020 nicht stattfinden werden. So sagt Bayerns Ministerpräsident Markus Söder: „Die Wiesn findet richtig statt, gscheid oder gar nicht", um wenige Augenblicke später die Absage für 2020 zu verkünden. Es ist das dritte Mal, dass das seit 1810 veranstaltete Volksfest auf der Münchener Theresienwiese wegen einer Seuche abgesagt werden muss. 1854 und 1873 verhinderte die Cholera das traditionelle „O'zapft is!".

27. April 2020 Der Virologe Prof. Dr. Christian Drosten spricht von schlimmen Nachrichten, die ihn erreichen: „Für viele Deutsche bin ich der Bösewicht, der die Wirtschaft lähmt. Ich bekomme Morddrohungen." Morddrohungen für jemanden, der im Prinzip einfach nur seine Arbeit macht und seine Mitmenschen nach bestem Gewissen vor dem Erreger schützen will.

28. April 2020 Es geht noch deutlich dramatischer als in Deutschland, wie schreckliche Bilder aus Brasilien beweisen. In der Metropole Manaus werden sogar Kühlcontainer vor großen Krankenhäusern aufgebaut, um die Massen an Leichen lagern zu können.

30. April 2020 In Spanien dürfen Kinder erstmals seit über sechs Wochen wieder das Haus verlassen. Das zwar nur in Begleitung eines Erwachsenen und nur für eine Stunde täglich sowie mit zwei Metern Abstand zu anderen, besser als vereinsamen in den eigenen vier Wänden ist es aber allemal.

Exkurs: So erleben die Zeitzeugen weltweit die erste Welle

Alexandra Bärenfeldt und Nikhil Kakkar (Delhi | Indien): „Ende Februar 2020 wollte uns eine Freundin besuchen, die vorher in Thailand unterwegs gewesen ist. Dort gab es 30 Infektionen – und wir haben uns große Sorgen gemacht. Wegen 30 Infektionen …

Wenig später waren wir dann schon in ganz anderen Sphären unterwegs. Mit der Verbreitung des Virus ging es rasend schnell, in so einem großen und dennoch eng besiedeltem Land wie Indien ist eine Eingrenzung gar nicht möglich. Die Regierung hat es dennoch mit harten Maßnahmen versucht. Am 22. März 2020 wurde ein Lockdown verkündet, eigentlich nur für wenige Tage angedacht. Wir hätten uns niemals vorstellen können, dass 1,4 Milliarden Menschen über eine längere Zeit zu Hause bleiben müssen. Aber das mussten sie, denn der Lockdown hat sieben Wochen gedauert. Wir durften sieben Wochen lang das Haus nicht verlassen! Überall auf den Straßen waren Polizisten. Selbst wenn wir nur 500 Meter entfernt zum Einkaufen wichtiger Lebensmittel gingen, wurden wir kontrolliert. Es lief alles sehr, sehr streng ab, teilweise brutal. Mein Bruder und meine Mutter (Anmerkung: *Nikhil spricht*) sind zum Hausarzt gefahren, auf dem Rückweg wollten sie tanken. Der Pächter hat ihnen gesagt, sie sollen schnell weiterfahren. Kurz zuvor habe die Polizei bei anderen Autobesitzern die Scheibe eingeschlagen, da ihr Grund nicht als wichtig angesehen worden sei.

(Anmerkung: *Alexandra spricht*) Diese schwierige Zeit hatte aber auch immerhin eine gute Seite. Wenn ich mal die Fenster geöffnet habe, um frischen Sauerstoff einzuatmen, konnte ich förmlich spüren, wie die Luft sauberer wurde. Die Luftqualität liegt hier in dieser Zeit des Jahres normalerweise bei einem Index von 300 bis 500 (Anmerkung: *Je höher der Wert, desto schlechter die Qualität*), durch den Lockdown ist sie dauerhaft unter 100, teilweise unter 50 gesunken. An einem Tag lag sie sogar unter den Werten in Berlin. Plötzlich konnten wir auch wieder die Vögel hören. Auf den Rooftops waren Tiere, die hier seit Jahrzehnten nicht gesehen wurden. Die Tiere haben diese „Once-in-a-lifetime-Situation" ausgenutzt und sind zurück in die Stadt gekommen. Auch wenn es etwas komisch klingt, aber das war schön mitzuerleben. Immerhin etwas."

Edgar Bernhardt (Dhaka | Bangladesch): „Das hört sich schlimm an, aber in Europa und Amerika sind die Menschen ja teilweise wie die Fliegen umgefallen. Da wurden auch bei uns die Sorgen immer größer. Wenn so etwas in den zivilisierten Umgebungen passieren konnte, dann definitiv auch in Bangladesch. Hier war Corona aber lange Zeit überhaupt kein Thema. Es kommen ohnehin wenig Menschen einfach so nach Bangladesch. Was macht man hier? Urlaub? Auf keinen Fall!
Bei uns wurde vom 26. März bis zum 4. April 2020 eine Ausgangssperre verhängt. Auch die Fußball-Liga wurde gestoppt, plötzlich hatte ich frei. Warum das so war, konnte eigentlich niemand so recht erklären. Die meisten waren der Meinung, es wurde ganz simpel bei

den anderen Ländern abgeschaut, Hauptsache irgendetwas unternehmen. Es hat aber Wirkung gezeigt, denn tatsächlich sind die Leute daheim geblieben. Die Stadt war ausgestorben. Teilweise benötige ich hier im Stadtverkehr zwei Stunden für zwei Kilometer, plötzlich habe ich die Strecke in fünf Minuten geschafft. Die Menschen hatten Angst, dass es ähnlich wie in Indien ablaufen könnte. Von dort erreichten uns Videos, wie Straßenverkäufer von Polizisten die öffentliche Züchtigung durch Stockhiebe verpasst bekamen, weil sie noch mit ihren Rikschas unterwegs waren. Stockhiebe im 21. Jahrhundert, so etwas muss man sich mal vorstellen."

Lauro Böni (Zürich | Schweiz): „Mitte März 2020 ging es zum Kitesurfen nach Ägypten – eine Reise, die ich noch bereuen sollte …

Im Flugzeug waren von den circa 200 Plätzen nur knapp zehn besetzt. Mitten im Urlaub kamen die Nachrichten aus der Schweiz im Stundentakt herein. Versammlungsverbote, Kontaktbeschränkungen und vieles mehr. Daher habe ich für 300 Euro einen früheren Rückflug nach Zürich gebucht, der sollte am Wochenende starten. Am Strand sagte mir dann eine deutsche Urlauberin, dass Ägypten bereits ab dem kommenden Donnerstag die Grenze schließen würde. Noch am selben Montagnachmittag habe ich mir einen weiteren Flug für den Abend besorgt, über Istanbul sollte es zurück in die Schweiz gehen. Später am Flughafen haben sie mir erklärt, dass die türkische Regierung keine ausländischen Bürger mehr ins Land lassen würde, nicht einmal als Umsteigeverkehr für die Flüge. Um drei Uhr nachts war ich schließlich wieder im Hotel.

Am Dienstagabend meldete sich plötzlich die Schweizer Botschaft, dass um 23 Uhr ein Flug online geschaltet werden würde. Ich müsste mich aber selbstständig darum kümmern. Also saßen meine Familie in der Schweiz und ich in Ägypten vor den Laptops, um einen Platz zu bekommen. Um 23.02 Uhr konnte mein Bruder ein Ticket reservieren, um 23.05 Uhr war der Flug komplett ausgebucht. Ich habe meine Sachen gepackt, irgendwie die Nacht überbrückt und fuhr um 5 Uhr gemeinsam mit einem Schweizer Landsmann zum Flughafen. Nach fünf Stunden Fahrt kamen wir dort an. Es herrschte ein heilloses Durcheinander. Im Flugzeug wurde gehustet, geniest, gestöhnt, viele waren merklich krank.

Der Mitfahrer aus dem Taxi, ein angehender Arzt, schrieb mir ein paar Tage später, dass er „in den Dienst" müsse. Das hatte für die Schweiz eine historische Bedeutung, denn so einen Umstand gab es zuletzt im Zweiten Weltkrieg. Die Schweizer Armee wurde als Unterstützung in den Corona-Risikogebieten mobilisiert."

Claudia Castelli (Mailand | Italien): „Die Stimmung wurde von Tag zu Tag immer merkwürdiger. Am 8. März 2020 teilt man mir mit, dass ich zu Hause bleiben müsse. Die Wohnung durfte ich nur noch für Einkäufe oder gelegentliches Joggen verlassen. Selbst das war aber kurze Zeit später nicht mehr erlaubt, sodass es wirklich in eine Voll-Quarantäne ausgeartet ist. Es war ein komplett neues Leben und wir bekamen immer heftiger zu spüren, wie hart der drohende Alltag werden würde. Wichtig war in dieser Zeit, von Tag zu Tag zu leben und nicht an das weit entfernte Ende der Pandemie zu denken. Ende März 2020 wurde es dramatisch:

Immer mehr Infizierte, immer mehr Menschen, die eine Intensivbeatmung benötigten, Immer mehr Tote. Ich habe mich gefragt: ‚Ist diese Quarantäne wirklich die einzige Lösung? Wie lange soll das noch gehen?' Manchmal verliert man in so einer Ausnahmesituation halt die Nerven. Viel schlimmer als in dieser Phase hätte es nicht sein können. Aus unserem Wohnhaus wurde eine ältere Dame abgeholt, angeschlossen an Beatmungsgeräte. Und die Familie durfte aufgrund der Infektionsgefahr nicht einmal Abschied nehmen. Es waren herzzerreißende Bilder. Und es blieb die Angst, nicht nur mit Blick auf das Infektionsrisiko, sondern auch in Bezug auf unsere psychische Verfassung."

Phil Gaskell (Liverpool | Großbritannien): „In England wurde Mitte März 2020 das normale Leben gestoppt und über eine Quarantäne nachgedacht. Aber wir waren viel später dran als andere europäische Länder. Kurz darauf wurde alles eingeschränkt, was mit dem sozialen Miteinander zu tun hat – Bars, Clubs, Fußball, einfach alles. Ein paar Shops haben noch ‚Take Away' angeboten, Hundebesitzer durften immerhin Gassi gehen. Aber sonst? Nichts! Die Situation war einfach erschreckend und bedrückend zugleich. Es war unglaublich langweilig. Ich vermisste den Basketball, meine große Liebe (Anmerkung: *Phil spielte zum erwähnten Zeitpunkt Rollstuhlbasketball bei den Baskets 96 Rahden in der ersten deutschen Liga, flog kurz vor dem Lockdown in die Heimat*). Niemand auf der Welt konnte sich ausmalen, wie wir der Pandemie entkommen sollten. Es war auch unvorstellbar, was dieses Virus mit der Wirtschaft anrichtete. Die Menschen konnten nicht zur Arbeit gehen, kein

Geld verdienen. Wenn das so weitergehen würde, könnten sich manche bald kein Essen mehr leisten. All das hat mir wirklich unglaubliche Angst gemacht. Auch mit Blick in die Zukunft, denn es könnte Jahre bis Jahrzehnte dauern, ehe sich die Gesellschaft sowie die Wirtschaft von dem Schaden erholt haben. Wie lange sollte es noch dauern? Sechs Monate? Ein Jahr? Zwei Jahre? Ich bin ganz ehrlich, mich hat es hin und wieder an den Rand der Depression gebracht."

Lua Gisler (Sydney | Australien): „Zu Beginn sind die Maßnahmen in Australien nicht erwähnenswert gewesen. Die Menschen waren noch ganz normal draußen unterwegs, erst mit der Zeit ist es drastischer geworden. Dann allerdings wirkte es gespenstisch auf uns.
Wir durften nach dem Verkünden des Lockdowns nur noch 30 Minuten am Tag joggen, in die Apotheke oder den Supermarkt gehen. Alles andere war verboten. Und bei den drohenden Strafen wollte definitiv niemand etwas riskieren. Bis zu 11.600 Australische Dollar (*Anmerkung: damals ca. 6.100 Euro*) hätte es gekostet, sogar bis zu sechs Monate Haft haben gedroht. Die berühmten Strände wie der Bondi Beach wurden regelmäßig und rigoros geräumt, da hat die Regierung keine halben Sachen gemacht."

Hendrik Helmke (Rio de Janeiro | Brasilien): „In Brasilien ist alles ein wenig anders. Es gibt kein Arbeitslosengeld, sodass bei den Einheimischen täglich Existenz- und Überlebensängste mitschwebten. Die Leute waren und sind einfach darauf angewiesen, ihrer Arbeit nachgehen zu dürfen. Es hat sich kaum jemand an Ausgangssperren oder ähnliches gehalten. Das wiederum sorgte natürlich für eine riesige Ansteckungsgefahr. Und dann hast du auch noch so einen Präsidenten wie Bolsonaro. Den Bürgern wird gesagt, sie sollen daheimbleiben und der Typ marschiert bei Demonstration mit mehreren hundert Menschen einfach vorneweg, spricht denen sogar obendrein noch Mut zu.

Allen war klar: Kommt das Coronavirus erst einmal in den Favelas (Anmerkung: *So werden die Armenviertel in Brasilien mit vielen Millionen Einwohnern genannt*) an, dann ist es nicht mehr zu stoppen. Dort leben die Menschen auf engstem Raum in verwahrlosten Wellblechhütten. In die Nachbarwohnung kannst du praktisch rübergreifen, so nah stehen diese beieinander. Wie soll man da eine solche Pandemie kontrollieren können?

Außerdem ließen sich keine verlässlichen Zahlen oder Prognosen erstellen, in die Favelas traut sich niemand hinein. Brasilien hatte in der Anfangszeit nur 50.000 Tests zur Verfügung, bei über 200 Millionen Menschen. Deshalb ist mit hoher Wahrscheinlichkeit davon auszugehen, dass schon damals die Infektionszahlen deutlich höher lagen. Bei der Sterberate war das ähnlich. Wenn hier jemand verstorben ist, wurde das überhaupt nicht verifiziert. Corona oder nicht? Völlig egal, weil tot."

Saskia Hippe (Athen | Griechenland): „Es ging alles Schlag auf Schlag. An einem Sonntag wurde entschieden, dass die kommenden Spiele nur noch als Geisterspiele stattfinden sollten (Anmerkung: *Hippe ist zu jenem Zeitpunkt Profi-Volleyballerin bei Olympiakos Piräus*). Am Mittwoch darauf waren dann schon keine Zuschauer mehr in der Halle. Da hatte ich noch locker mit unserem Manager darüber debattiert, wie heftig es sei, dass in Italien gar nicht mehr gespielt werden konnte. Er sagte: ‚Das wird hier schon nicht passieren.‘ Am Freitag wäre dann wieder normales Training gewesen, bis eine SMS kam. Kein Training. Kein Spielbetrieb. Vorerst für zwei Wochen. Dann kamen noch viele weitere Wochen hinzu. Eine Quarantäne war anfangs keine Pflicht, wir wurden einfach nur gebeten, zu Hause zu bleiben. Mit der Zeit kamen härtere Maßnahmen von Seiten der Regierung hinzu. Wenn wir das Haus verlassen wollten, mussten wir uns per SMS bei den Behörden melden.

- 1 = Arztbesuch
- 2 = Arbeit
- 3 = Jemandem helfen
- 4 = Geburtstag
- 5 = Bankangelegenheit
- 6 = Sport oder Gassi gehen

Als Antwort gab es eine automatisierte Nachricht, ob die Anfrage bewilligt wurde oder nicht. Diese mussten wir dann vorzeigen, wenn es Kontrollen auf der Straße gab. Mit der Zeit standen die Polizisten wirklich überall."

Die SMS-„Kommunikation" zwischen der in Piräus lebenden Hippe und der griechischen Regierung. Bild: Saskia Hippe

Tino Jaugstetter (Almaty | Kasachstan): „Anfangs waren wir als Einwohner auf Stufe zwei: häusliche Quarantäne mit Überwachung sowie Telefon-Freigabe für Einkäufe oder Apothekenbesuche. Wenig später wurde es hochgesetzt auf Stufe eins: Voll-Quarantäne. Die Regierung hat anfangs komplett gepennt, um dann eine schleierhafte Nachricht zu versenden, dass das Virus zwischen dem 13. und 16. März 2022 eintreffen sollte. Ein Empfangskomitee für Corona?! Einfach bescheuert. Im Anschluss wurde es richtig extrem, im Zwei-Tage-Takt gab es schärfere Sicherheitsvorkehrungen. Am 22. März wurde Almaty komplett abgeriegelt, nachdem am 16. März angeblich festgestellt wurde, dass Corona nun vor Ort sei. Eine Woche später kam es noch heftiger, niemand durfte nach 19 Uhr mehr vor die Tür. Außerdem war es lediglich erlaubt, sich im Umkreis von maximal zwei Kilometern zur eigenen Wohnung zu bewegen. Kinder durften sich nur noch in Begleitung der Eltern nach draußen begeben. Plötzlich schickte die Regierung wahre Reinigungs-Schwadronen durch die Stadt, die Straßen wurden desinfiziert. Auch in die Wohnkomplexe kamen Reinigungs-Trupps, um Fahrstühle und Treppenhäuser zu desinfizieren. Da wurde wirklich ganz groß aufgefahren, alles unter strenger Kontrolle der Polizei. Ich kam mir vor wie in einem Gefängnis mit minimalem Freigang.

Angst hatte ich deshalb zwar nicht, aber eines stand fest: In Kasachstan wollte ich mich auf gar keinen Fall infizieren. Das Gesundheitssystem ist eine einzige Vollkatastrophe, deswegen zählte nur: Gesund bleiben. Wenn es einem gesundheitlich schlecht geht, muss man ganz schnell raus aus Kasachstan."

Josef Kilit (Jönköping | Schweden): „Sportlov ist in Schweden einer der tragenden Begriffe für das Durchstarten der Pandemie. Die „Sportferien" gelten seit den 1940er-Jahren schon beinahe als heilige Tradition. Im Sinne der Volksgesundheit sollen sich die Menschen bewegen, an die frische Luft gehen nach langen Monaten vor dem Ofen. Also reisen sie in die Skigebiete – in Schweden, aber eben auch nach Italien oder Österreich. Die rhetorisch gestellte Frage vom Staatsepidemiologen Dr. Anders Tegnell war damals: ‚Wäre es denn besser, wenn alle Stockholmer zu Hause blieben und in die Einkaufszentren gingen, statt auf sichere Art und Weise in die Berge zu fahren und dort auf Distanz zu gehen?' Eine romantische Sicht der Dinge, denn Skiurlaube sind nicht unbedingt bekannt für Abgeschiedenheit. Also haben viele Urlauber das Virus auf dem Rückweg mit nach Schweden gebracht.

Das größte Problem in Schweden waren aber die Altenheime. Dort ist das Virus eingekehrt und wir haben es nie wieder rausbekommen. Die Pfleger hatten eine gefühlte Ewigkeit keine ordentliche Schutzausrüstung. All das, was mittlerweile als Standard bekannt ist, hat es zum damaligen Zeitpunkt nicht gegeben."

Fred Sosa (New York | USA): „Anfang März 2020 wurden die Bedenken allmählich größer. Ab Mitte März hatten wir es alle endgültig auf dem Schirm – nur die Regierung nicht. Selbst in der Zeit, zu der wir durch Maßnahmen unmittelbar im normalen Alltag eingeschränkt wurden, hieß es immer noch, dass Corona nichts Schlimmes sei. Zu keinem Zeitpunkt war die Rede von einer

Pandemie oder einer weltweiten Gefährdung bedrohlichen Ausmaßes. Sie wollten die Bevölkerung einfach still und klein halten. Auf mich wirkte es von Beginn an so, als wäre die Wirtschaft wichtiger als unsere Gesundheit gewesen. Besonders mit Blick auf die medizinische Versorgung hätte es viel mehr Unterstützung von den Verantwortlichen geben müssen. Die US-Regierung war überhaupt nicht im Bilde darüber, was da auf uns zukommen würde."

Christine Sperling (Wien | Österreich): „Nachdem wir das Virus lange Zeit ins Lächerliche gezogen hatten, wurde es im März 2020 ernst. Die Unternehmen teilten uns mit, dass die Vielfliegerei stoppen müsste. Ich hatte mit einer Freundin aber schon lange im Voraus einen Trip nach Sri Lanka gebucht. Dort gab es bis zu dem Zeitpunkt nur genau einen Fall, wir fühlten uns bei der Sache sicher. Im Urlaub haben wir dann aber tagtäglich mitbekommen, wie immer mehr Grenzen geschlossen wurden. Zum Beispiel durften keine Flüge aus der Schweiz mehr Richtung Österreich starten, mein Rückflug sollte aber über Zürich gehen. Plötzlich hieß es, es dürften keine Deutschen mehr nach Österreich einreisen (Anmerkung: *Christine ist deutsche Staatsbürgerin, lebt seit 2018 in Wien*). Die Lage hat sich dann noch weiter verschärft, denn der damalige Kanzler Kurz verkündete, dass sich alle im Ausland befindlichen Personen umgehend auf die Rückreise nach Österreich machen müssten. Also haben wir den Urlaub vorzeitig beendet und sind nach Hause. Am Flughafen angekommen, war ich total perplex. Es gab keine Passkontrollen. Gar nichts. Alles lief wie immer. Erst später wurden alle aus dem

Ausland einreisenden oder heimkehrenden Personen mit einer zweiwöchigen Quarantäne belegt. Und trotzdem hatten wir in Österreich ein gutes Gefühl. In den Supermärkten lagen Masken für alle aus. Und wer sie nicht aufsetzen wollte, der musste mit Strafen bis zu 3.000 Euro rechnen. Eine abschreckende Summe, die ihre Wirkung definitiv nicht verfehlte.

Am Anfang war das alles für mich ziemlich beängstigend und ich habe mich sehr, sehr einsam ohne die gewohnten sozialen Kontakte gefühlt. Es kam mir vor wie in einem Science-Fiction-Film, total surreal."

Lennart Thy (Rotterdam | Niederlande): „Das Leben veränderte sich für uns schlagartig. Die Gesundheitsbehörden und die Regierung haben kurzen Prozess gemacht. Auch der Fußball war betroffen, plötzlich wurde die komplette Saison abgebrochen. Das war's, keine Spiele mehr, kein Training, keine Treffen mit unseren Freunden. Dieses soziale Miteinander hat ziemlich schnell gefehlt. Wir durften noch maximal zu dritt in einem Raum sein, in den Supermärkten galten auch spezielle Einlasskontrollen. Es war ein sehr ungewohntes, merkwürdiges Gefühl. Es ist mir bei jedem Husten aufgefallen, wie ich mich – unbewusst und eigentlich auch ungewollt – abgewendet habe. In der Zeit habe ich angefangen, sämtliche Gegenstände in der Öffentlichkeit nur noch mit dem Ellbogen zu betätigen.

Immerhin gab es aber auch eine besonders schöne Aktion in den Niederlanden – das ‚Kuscheltier-Zählen'. Die Familien haben plüschige Bären in ihre Fenster gehängt, damit die Kinder diese zählen konnten. Dabei waren immerhin mal ein paar fröhliche Gesichter zu erkennen."

Katrin von der Weppen (Kapstadt | Südafrika): „Am 16. März 2020 wurde eine sehr strenge Ausgangssperre verhängt. Wir haben uns daraufhin mit vier Freunden zusammengetan und ein Haus am Strand gemietet. Einfach, um der Stadt ein wenig zu entkommen. Die Gegend dort ist sehr konservativ. Wenn wir nur mal kurz zur Abkühlung – alleine – an den Strand gegangen sind, haben die Leute sofort ihre Teleobjektive herausgeholt, Fotos von uns gemacht und uns wüst beschimpft. Wir sind höchstens jeden zweiten Tag für maximal fünf Minuten ins Wasser und sofort wurden die Kameras wieder gezückt. Die Beschimpfung, dass wir schlechte Menschen seien, war noch die mit Abstand harmloseste.

Ich hatte in der Zeit eine Knieoperation und musste dementsprechend noch ein-, zweimal in die Stadt. Kapstadt war einfach komplett leergefegt – wie eine Geisterstadt. Anfang April 2020 wurde dann der erste Fall im Township Khayelitsha am Stadtrand festgestellt. Dort leben beinahe 400.000 Menschen auf engem Raum. Teilweise teilen sich 30 Personen eine Toilette oder den Wasserhahn, oft wohnen sechs, sieben Personen auf zehn Quadratmetern in einer Wellblechhütte. An Abstands- oder Hygieneregeln kann sich dort niemand halten. Wir haben uns daher entschieden, mit der Rückholaktion der deutschen Regierung vorerst zurückzukommen. Dort hat es sich für uns einfach sicherer angefühlt. Und da wir sehr frühzeitig auf ein Online-Teaching-Programm umgestiegen sind, konnte ich von Deutschland aus die Kinder in Südafrika unterrichten.“

Ein (fast) normaler Sommer
(Mai 2020 bis August 2020)

„Es gibt immer noch Gesundheitsämter,
die ihre Daten per Fax melden."

1. Mai 2020 Corona ist weiterhin allgegenwärtig. Wer Dinge aus einem „normalen" Alltag zurücksehnt, der muss außergewöhnliche Wege gehen. Im niedersächsischen Schüttorf feiern deshalb 500 Menschen eine spezielle Party: eine Auto-Disco. Die Corona-Bestimmungen erlauben maximal zwei Menschen pro Fahrzeug. Der Spaß dauert drei Stunden und kostet 24 Euro – zehn Wagen verlieren allerdings auch ihre Autobatterie.

3. Mai 2020 Obwohl es bis heute ungeklärt ist, wie das Virus entstanden ist, holt einer der wichtigsten US-Politiker die „Schuld-Keule" raus. Außenminister Mike Pompeo attackiert China in der Debatte über den Ursprung von COVID-19 heftig. Es gebe „überwältigende Beweise" dafür, dass der neuartige Erreger aus einem Labor in der chinesischen Stadt Wuhan stamme. Deshalb wirft Pompeo der chinesischen Regierung eine „kommunistische Desinformationskampagne" vor. Die überwältigenden Beweise sind die USA allerdings bis heute schuldig geblieben.

4. Mai 2020 Informativ und bildend wird es fortan wieder für mehrere hunderttausend Kinder und Jugendliche in Deutschland. Nach sieben Wochen Fernunterricht startet die Rückkehr in die Schulen. Zuerst kehren Abschlussklassen und diejenigen Stufen zurück, bei denen im Jahr 2021 Abschlussprüfungen anstehen.

6. Mai 2020 Erste Lockerungen in Deutschland. Die Geschäfte dürfen unter Auflagen wieder öffnen, die Kontaktbeschränkungen werden ein wenig abgeschwächt. Außerdem wird verkündet, dass die Fußball-Bundesliga bald wieder loslegen wird – als einzige Liga unter den großen Nationen Europas.

In New York geschieht zur selben Zeit Geschichtsträchtiges. Zum allerersten Mal in der Historie des „Big Apple" wird der 24-Stunden-Betrieb der U-Bahn unterbrochen. Auf unbestimmte Zeit! Nämlich genau so lange, wie es benötigt, bis alle Waggons in den 427 Stationen desinfiziert sind.

Corona-Infektionszahlen (6. Mai 2020, 20 Uhr)
Land = Infektionen | an/mit Corona verstorben
Australien = 6.875 | 97
Bangladesch = 11.719 | 186
Brasilien = 116.299 | 7.966
China = 83.968 | 4.637
Deutschland = 167.372 | .6993
Griechenland = 2.663 | 147
Großbritannien = 202.355 | 30.150
Indien = 52.987 | 1.785
Italien = 214.457 | 29.684
Kasachstan = 4.344 | 30
Niederlande = 41.518 | 5.221
Österreich = 15.684 | 608
Schweden = 24.572 | 2.941

Schweiz = 30.060 | 1795
Spanien = 219.329 | 25.613
Südafrika = 7572 | 148
USA = 1,2 Mio. | 71.526
Weltweit = 3,76 Mio. | 268.112

11. Mai 2020 Aussagen wie die von Hanno Kautz, Pressesprecher beim Bundesgesundheitsministerium, offenbaren weiterhin große Schwachstellen im deutschen Gesundheitssystem: „Es gibt immer noch Gesundheitsämter, die ihre Daten per Fax melden." Eine daraus möglicherweise resultierende Verzögerung von Daten kann eine Kettenreaktion nach sich ziehen, denn verzögerte Meldungen können die Infektionsgefahr erhöhen. Sie verzerren die Zahlen, die wiederum für Lockdown-oder-kein-Lockdown-Entscheidungen zugrunde gelegt werden. Und Faxe sind ganz einfach nicht zeitgemäß.
In Frankreich wird unterdessen eine neue Abstandsgrenze beschlossen: zehn Meter – für Jogger und Radfahrer gedacht. Laut des Sportministeriums würde so das Risiko einer Ansteckung minimiert werden können.

16. Mai 2020 Die Fußball-Bundesliga kehrt nach über zwei Monaten Corona-Zwangspause zurück. Für die Fans gibt es mit dem Revierderby zwischen Borussia Dortmund und Schalke 04 direkt einen Kracher (4:0 BVB). Schalke bringen selbst fünf Wechsel nichts. Fünf? Richtig gelesen. Aufgrund der Pandemie sind im Fußball nun zwei Auswechslungen mehr erlaubt, um Verletzungen vorzubeugen. Eine Regel(-änderung), die bis heute Bestand hat.

18. Mai 2020 Hydroxychloroquin, ein Anti-Malaria-Mittel, erfährt dank Donald Trump zweifelhafte Berühmtheit. Der nimmt das Medikament nämlich einfach mal so ein. Mit der haarsträubenden Begründung: „Was hat man zu verlieren?" Als Antwort an dieser Stelle: Eine falsche Einnahme von Hydroxychloroquin kann unter anderem zu erheblichen Herzproblemen führen.

20. Mai 2020 Todernst wird es für Punithan Genasan in Singapur. Der Heroin-Dealer muss via Zoom-Videocall mitverfolgen, wie ihn der Richter zum Tode verurteilt. Die Menschenrechtsgruppe Human Rights Watch – sicherlich nicht nur die – zeigt sich vom Vorgehen entsetzt und äußert: „Die Todesstrafe an sich ist bereits grausam und unmenschlich, die Verkündung per App macht die Sache aber noch schlimmer."

29. Mai 2020 In Indien stehlen mehrere Affen einige Corona-Tests und fliehen damit auf einen Baum. Was lustig klingt, löst eine große Diskussion über den Umgang mit Rhesusaffen aus. Die Biologen des Landes sind über den Vorfall überaus besorgt, dass sich das Virus auf dem tierischen Wege noch weiter verbreite. Es wird gar davor gewarnt, dass SARS-CoV-2 bei häufigerem Kontakt zwischen Mensch und Affe mutieren könne.

3. Juni 2020 „Benvenuto in Bella Italia!" Nach knapp drei Monaten öffnen die italienischen Grenzen wieder für Urlauber. Die Reisefreiheit gilt ausnahmslos für alle Menschen aus den anderen 26 EU-Ländern. Auch die Italiener selbst jubeln, dürfen wieder uneingeschränkt zwischen den 20 Regionen des Landes reisen.

Exkurs: Wie funktioniert eine Weltreise während Corona?

„Komm wieder nach Hause, hier bist du sicherer."

Martin Lewicki ist sich schon Mitte 2019 sicher: „Ich muss mal raus." Knapp 30 Jahre hat er in Deutschland verbracht. Dann aber ist es an der Zeit, „weil es da draußen noch so viel zu sehen gibt".

Also packt Lewicki die Sachen und zieht los auf (s)eine Weltreise – erst mal nach Indien, im Februar 2020 dann weiter nach Nepal, im März 2020 nach Myanmar. „Anfangs gab es erste Nachrichten über das Virus aus China, hier und da habe ich etwas mitbekommen, aber die späteren Auswüchse wird wohl kaum jemand wirklich im Hinterkopf gehabt haben", erinnert sich Lewicki. Ab Ende März 2020 sei dann immer häufiger der Satz gefallen: „Komm wieder nach Hause, hier bist du sicherer." Aber warum eigentlich? Warum nach Deutschland heimkehren, wenn dort die Zahlen exponentiell in die Höhe schnellen, während anderswo alles noch relativ normal scheint? Weil in Deutschland immer alles richtig und besser gemacht wird? „Ganz sicher nicht", denkt sich Lewicki.

„Ich stand vor der großen Entscheidung: Breche ich die Weltreise und damit meinen Traum ab? Nach nur so kurzer Zeit … " Lewicki entscheidet sich dafür, den Trip fortzusetzen. Ziemlich ehrlich und unumwunden gibt er zu: „Ich dachte damals, mit dem Virus dauert es bloß ein paar Monate, maximal bis Herbst 2020. Darum bin ich weiter nach Thailand und konnte mehrere Monate ein recht unbeschwertes Leben führen. Angst vor dem Virus hatte ich nie."

Dennoch führt es den Weltreisenden im Anschluss erst einmal wieder nach Europa zurück. Die Balkanstaaten sind das Ziel, Osteuropa wird bereist. Dabei ist es bei jedem Flug eine Art „Roulette-Spiel", wie Lewicki es beschreibt. Bei Direktflügen noch etwas weniger, in diesem Fall darf die Zielstation einfach kein Risikogebiet sein. Und was ist, wenn es ein Flug mit Zwischenstopp und Umsteigen ist, zum Beispiel in London, wo die dort entstandene Mutation vorherrscht? „Dann wird es schon deutlich komplizierter, Flüge werden spontan gestrichen, Einreisen in andere Länder plötzlich untersagt", so Lewicki.

Martin Lewicki vor dem Wat Pha Budha Bat Sut Tha Wat in Lampang in Chae Hom (Thailand). Bild: Martin Lewicki

Deshalb weiß er: „Man muss sich über alles ganz genau informieren: Was ist erlaubt? Wo muss ich eine Maske tragen? Gibt es Ausgangssperren?" Denn natürlich wolle er sich im jeweiligen Land angemessen und respektvoll verhalten. Dafür sei es unerlässlich, sich an die vorherrschenden Maßnahmen zu halten. Die Aufregung in Deutschland mit Blick auf die Maskenpflicht versteht Lewicki zum Beispiel nicht: „Es ist doch sinnvoll, dass die Masken in geschlossenen Räumen und bei dichtem Gedränge getragen werden, um so vor Infektionen zu schützen. Wo also liegt das Problem, einen solchen Schutz in bestimmten Situationen auf sich zu nehmen? In Südamerika und Asien gehört die Maske einfach zum Alltag dazu, sie ist quasi Teil der täglichen Kleidung."

Im Januar 2021 verschlägt es Lewicki nach Südamerika. Er fliegt erst nach Kolumbien, von dort aus weiter nach Ecuador. Und führt in den jeweiligen Ländern ein unkompliziertes Leben: „Ich kann draußen meinen Kaffee trinken, kann zum Schwimmen gehen. Es fühlt sich – den Umständen entsprechend – recht normal an. Definitiv normaler, als es in Deutschland der Fall ist."

Die Corona-Umstände des Reisens machen die Vorbereitung des jeweils nächsten Trips komplizierter, als es der Trip oft selbst ist. Ein Beispiel? Lewicki schmunzelt: „Es war gar nicht so einfach, die passende Auslandskrankenversicherung zu finden, die auch Corona-Fälle mit abdeckt - und eben nicht die Welt kostet." Auch das Registrieren bei örtlichen Gesundheitsbehörden sei gewöhnungsbedürftig. Doch Martin Lewicki lässt sich sowohl davon als auch vom Virus selbst nicht einschüchtern und lebt seinen großen Traum von der Weltreise einfach weiter.

6. Juni 2020 Eine vom Bayerischen Fußball-Verband eigens einberufene Arbeitsgruppe sorgt für eine Hammer-Entscheidung: Die erst noch bevorstehende komplette Saison 2020/21 wird in Bayern nicht stattfinden.

7. Juni 2020 Im fernen Südamerika wird eine solche Klarheit gemieden. Besonders in Brasilien wird getuschelt und gemauschelt, was die Pandemie nur so hergibt. Zuerst beginnt die Regierung Anfang Juni 2020, die aktuellen Fallzahlen erst um 22 Uhr statt um 19 Uhr zu veröffentlichen. Das geschieht aus taktischem Kalkül, denn damit schaffen sie es nicht mehr in die am meisten eingeschaltete Nachrichtensendung des Landes. Präsident Jair Bolsonaro freut sich darüber diebisch: „Es ist vorbei mit der Berichterstattung im Jornal Nacional."

12. Juni 2020 In den Vereinigten Staaten wird einem schwer an COVID-19 erkrankten Patienten eine horrende Rechnung vorgelegt. Michael Flor, der rund zwei Monate in einer Klinik nahe Seattle intensiv behandelt werden musste, soll Kosten in Höhe von exakt 1.122.501 US-Dollar begleichen. Der 70-Jährige sagt: „Mir ist das Herz beinahe zum zweiten Mal stehengeblieben."

18. Juni 2020 Es kommt zu einem sehr heftigen Corona-Ausbruch in Nordrhein-Westfalen. In einer Fleischfabrik des Unternehmens Tönnies werden Hygienemaßnahmen fahrlässig wahrgenommen, über 1.300 (!) Menschen infizieren sich mit dem Virus. Sogar die Bundeswehr muss zur Unterstützung der eingeleiteten Maßnahmen hinzugezogen werden, Kitas und Schulen in der Umgebung schließen.

22. Juni 2020 Larry Kudlow haut einen raus. Kudlow ist seines Zeichens Wirtschaftsberater von US-Präsident Trump und behauptet felsenfest vor laufenden Kameras: „Es wird keine zweite Welle geben!"

24. Juni Der heftige Corona-Fleischfabrik-Ausbruch in Gütersloh hat weitreichende Folgen für die Einwohner aus der Umgebung. Gleich mehrere Bundesländer sprechen ein bisher nie angewendetes Beherbergungsverbot aus. „Das Land wird die bereits in Mecklenburg-Vorpommern und Bayern geltende Regelung im Tourismusbereich auf Menschen aus dem Bereich Gütersloh anwenden", sagt zum Beispiel Niedersachsens Regierungssprecherin Anke Pörksen. Vielfach müssen daraufhin Einwohner aus Gütersloh und der (näheren) Umgebung ihre bereits gebuchten Ausflüge und Sommerreisen komplett stornieren.

30. Juni 2020 Schwedens Statistikbehörde vermeldet schlimme Zahlen. Das Land verzeichnet in der ersten Jahreshälfte so viele Todesfälle wie seit 150 Jahren nicht mehr. Insgesamt gibt es 51.405 Todesfälle, rund 4.500 davon sind auf COVID-19 zurückzuführen. Nur im Jahr 1869 wurden aufgrund einer Hungersnot mit 55.431 mehr Tote registriert. Schweden geht in der Pandemie einen deutlich weniger restriktiven Weg als die meisten anderen Länder. Kritiker werfen den Behörden daher vor, dass diese Strategie Menschenleben gefährde und sehen ihre Vorwürfe durch die nun veröffentlichten Zahlen bestätigt.

1. Juli 2020 Die Discounter in Deutschland werden vor eine Mammutaufgabe gestellt, denn von diesem Tag an heißt es bis zum 31. Dezember 2020: Die Mehrwertsteuer sinkt von 19 auf 16 sowie von 7 auf 5 Prozent. Diese Maßnahme wird durchgesetzt, um die Menschen in der schweren Zeit der Pandemie finanziell zu entlasten.

Corona-Infektionszahlen (2. Juli 2020, 20 Uhr)
Land = Infektionen | an/mit Corona verstorben
Australien = 8.001 | 104
Bangladesch = 153.277 | 1.926
Brasilien = 1,4 Mio. | 60.632
China = 84.825 | 4.641
Deutschland = 196.370 | 9.005
Griechenland = 3.458 | 192
Großbritannien = 314.992 | 43.991
Indien = 625.544 | 18.213
Italien = 240.961 | 34.818
Kasachstan = 42.574 | 188
Niederlande = 50.546 | 6.132
Österreich = 17.941 | 705
Schweden = 69.297 | 5.411
Schweiz = 31.967 | 1.965
Spanien = 250.103 | 28.368
Südafrika = 159.333 | 2.749
USA = 2,7 Mio. | 128.439
Weltweit = 10,7 Mio. | 518.198

5. Juli 2020 Es ist mal wieder die Zeit, in der sich die mächtigen Männer der großen Nationen mit Klamauk selbst überbieten. Ganz weit vorn dabei ist Donald Trump. Er sagt, trotz über bereits 130.000 Toten in den

Staaten: „99 Prozent aller Fälle sind komplett harmlos. Unsere Strategie kommt an." Fragt sich nur, ob bei seinem Vorgehen überhaupt von einer Art Strategie gesprochen werden kann.

7. Juli 2020 Bei Brasiliens Präsident Bolsonaro ist das definitiv der Fall. Der Staatschef betreibt eine Politik des Leugnens, stets bezeichnet er Corona als „leichte Grippe" und trägt bei öffentlichen Auftritten äußerst selten eine Maske. Nun folgt die Strafe auf dem Fuß, Bolsonaro hat sich mit SARS-CoV-2 infiziert.

13. Juli 2020 Über den Präsidenten des größten Landes Südamerikas kann man nur die Augen verdrehen. In Berlin bewegen sich dafür die Augen fleißig von links nach rechts. Es wird Tennis gespielt – mit Zuschauern! Als erstes Sport-Event in Deutschland dürfen die Veranstalter wieder Fans auf die Anlage lassen. Jede zweite Sitzreihe bleibt frei, die Mund-Nasen-Bedeckung ist Pflicht. Beim Einlass wird zudem die Temperatur gemessen. Und vor allem: Mächtig gestrahlt.

Tennis im Steffi-Graf-Stadion – mit Fans. Bild: Niels Körner

15. Juli 2020 Am berühmten Ballermann sieht das ganz anders aus. Wegen einiger illegaler Partys wird die Zwangsschließung aller Lokale auf der bei deutschen Touristen beliebten Bier- und Schinkenstraße beschlossen. Und das nicht nur für ein paar Tage, sondern direkt für zwei Monate. Auf „Malle" hat es sich ausgefeiert.

19. Juli 2020 Großbritanniens Premierminister Boris Johnson meldet sich mit einem sehr makabren Vergleich zu Wort. Es geht um eine landesweite Ausgangssperre, die er nur als letztes Mittel anwenden will. Um das martialisch zu unterstreichen, vergreift sich Johnson im Ton: „Es ist wie bei einer Atombombe, ich möchte sie sicher nicht einsetzen."

In den USA herrscht unterdessen in mehreren Bundesstaaten bereits Endzeitstimmung. Unter anderem werden in Texas und Arizona Kühlwagen bestellt, um COVID-19-Tote fachgerecht aufbewahren zu können. Ron Nirenberg, Bürgermeister von San Antonio, bringt es auf den Punkt: „Wir können sie nirgends unterbringen. Es klingt schrecklich, aber es ist wahr."

21. Juli 2020 Von einem „Kneipen-Sterben" wird aus Spanien berichtet. Bereits rund 40.000 (!) Bars, Restaurants und Hotels mussten dauerhaft schließen. Dies entspricht 13 Prozent der kompletten Gastronomie Spaniens – ach nur knapp einem halben Jahr Pandemie.

23. Juli 2020 In Deutschland wird eine große Blamage publik. Die viele Millionen teure Corona-App, angepriesen als wichtiges Warnelement, tat genau dies einen Monat lang nicht. Der peinliche Grund für diesen ebenso peinlichen Fauxpas: Die Entwickler wollten Handy-Strom sparen. Eine Warn-App, die nicht warnt, gibt es auch nur während Corona.

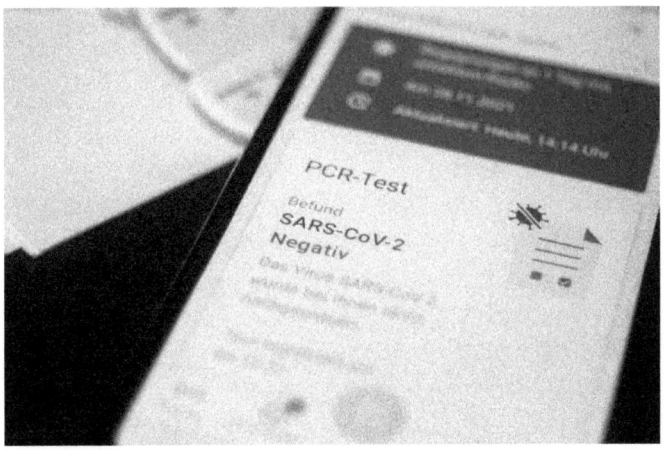

Leuchtet die Corona-Warn-App rot auf, dann besteht ein erhöhtes Infektionsrisiko. Bild: Samuel-Francis-Johnson

31. Juli 2020 „Ich habe Schimmel in meinen Lungen!" Ein ungewohnter Moment der Schwäche des brasilianischen Präsidenten Bolsonaro. Deshalb nehme er Antibiotika, habe sich zudem schwach gefühlt. Drastische Aussagen für einen sonstigen „Corona-Verharmloser".

3. August 2020 Für Schlagzeilen sorgt Mecklenburg-Vorpommern. Dort geht es als erstes deutsches Bundesland mit dem neuen Schuljahr los. An sich nichts Ungewöhnliches, aber erstmals seit den coronabedingten Schulschließungen Mitte März sollen alle 152.700 Schülerinnen und Schüler wieder täglich (!) in die Schule gehen. Damit das Infektionsrisiko möglichst gering gehalten wird, gibt es feste Gruppeneinteilungen, um sich nicht auf dem Gelände zu begegnen.

4. August 2020 In der Welt des Sports sorgt das Virus weiter für Kuriositäten. Sogar ein neuer Passus wird in das Regelwerk aufgenommen, beschlossen von den Offiziellen des International Football Association Board. Ab sofort gilt: Für absichtliches Anhusten eines Gegenspielers oder des Schiedsrichters droht die Rote Karte.

Die Einschläge kommen wieder näher
(August 2020 bis September 2020)

„Es ist das China-Virus, nicht das Coronavirus.
Corona klingt nach einem Ort in Italien, einem schönen Ort.
Nein, es ist das China-Virus!"

6. August 2020 Eine neue Pandemie-Zeitrechnung beginnt. Obwohl von einigen schon für verschwunden erhofft, startet der lange Anlauf des Virus zur wuchtigen „zweiten Welle" in Deutschland. Erstmals seit dem 11. Mai 2020 (Anmerkung: *Ausgenommen des Ausbruchs in Gütersloh am 18. Juni 2020*) steigt die Zahl der Neuinfektionen wieder in einen vierstelligen Bereich. Bundesgesundheitsminister Jens Spahn sagt über die 1045 neuen Corona-Fälle: „Eine besorgniserregende Steigerung der Infektionszahlen."

7. August 2020 Während sich das Leben hierzulande dennoch ziemlich normal anfühlt, werden in Los Angeles äußerst extrovertierte Maßnahmen im Kampf gegen potenzielle Virustreiber vorgenommen. Immer häufiger gibt es wilde Privatpartys, die zu dieser Zeit strengstens untersagt sind. Kommt es zu einem wiederholten Verstoß gegen die Sicherheitsanordnungen, dann haben die örtlichen Behörden und Ordnungshüter fortan die Möglichkeit, dem Gastgeber den Hahn abzudrehen. Und das gleich doppelt! Sowohl die Strom- als auch die Wasserzufuhr können für 48 Stunden gekappt werden.

Corona-Infektionszahlen (10. August 2020, 20 Uhr)
Land = Infektionen | an/mit Corona verstorben
Australien = 21.397 | 313
Bangladesch = 260.507 | 3.438
Brasilien = 3,0 Mio. | 101.049
China = 88.862 | 4.689
Deutschland = 217.835 | 9.203
Griechenland = 5.749 | 213
Großbritannien = 313.390 | 46.659
Indien = 2,2 Mio. | 45.257
Italien = 250.825 | 35.209
Kasachstan = 99.442 | 1.058
Niederlande = 59.990 | 6.178
Österreich = 22.106 | 723
Schweden = 79.628 | 5.763
Schweiz = 36.708 | 1.987
Spanien = 314.362 | 28.503
Südafrika = 559.859 / 10.408
USA = 5,0 Mio. | 163.100
Weltweit = 19,9 Mio. | 731.625

11. August 2020 Ebenfalls ums Wasser geht es in Brasilien, besser gesagt um das geliebte Meer. Denn wenn die Brasilianer nicht an die Strände können, dann entspricht das einer landesweiten Tragödie. Nun entscheidet die Stadtverwaltung von Rio de Janeiro, einen Aufenthalt an der Copacabana unter kuriosen Bedingungen wieder zu erlauben: Es werden Flächen mit Bändern abgesteckt, innerhalb derer Kleingruppen liegen dürfen. Via Frühbuchersystem gibt es Plätze über eine App zu reservieren, die übrigen Flächen werden nach dem Motto „first come, first serve" direkt am Strand vergeben.

17. August 2020 Der Wasserspiele sind noch nicht genug denken sich die Chinesen. Es machen Bilder einer exzessiven Schwimmbad-Party die Runde um die Welt. Warum es so merkwürdig ist und vielen skandalös erscheint? Es sind Aufnahmen aus Wuhan, der Stadt, in der Ende 2019 die Seuche ausgebrochen ist. Nun tanzen, johlen und plantschen Tausende von Chinesen in einem Schwimmbecken aneinander gepresst zu Elektro- und Pop-Musik. Dass dann noch die in Peking ansässige „Global Times" die massiven Beschwerden aus dem Ausland als „Ausdruck von Neid" bezeichnet, setzt dem ganzen Party-Spektakel tatsächlich die Krone auf.

24. August 2020 Es passiert, was lange Zeit von Experten ausgeschlossen wurde: Eine „Re-Infektion". Untersuchungen bei einem positiv getesteten Patienten in Hongkong beweisen, dass es sich um den weltweit ersten dokumentierten Fall einer wiederholten Infektion mit SARS-CoV-2 handelt. Damit ist die Mär von lebenslangen Antikörpern vorbei.

26. August 2020 In Deutschland wird ein Demonstrations-Verbot durchgesetzt. Proteste gegen die Corona-Maßnahmen der Regierung werden verboten. Die wütenden Reaktionen einiger Unbelehrbarer darauf sind die Aufrufe zum „Sturm auf Berlin" und „zur Not" sogar der Einsatz von Waffengewalt.

29. August 2020 Der angekündigte „Sturm auf Berlin" wird nur kurz darauf in der Tat umgesetzt. Bis zu 40.000 Menschen treiben sich auf den Straßen rund um das Kanzleramt und Brandenburger Tor herum. Oftmals ohne Masken, fast durchgehend von aggressiver Stimmung geprägt. Die Regierung wird immer wieder als „Diktatur" beschimpft, es gibt vereinzelte Aufrufe zur Waffengewalt. Berlins Innensenator Andreas Geisel berichtet, dass es „heftige Auseinandersetzungen" gebe. Diese münden darin, dass ein großer Mob mit mehreren hundert Menschen tatsächlich den Reichstag stürmen will. Letztlich ist es nur der Gegenwehr von drei (!) Polizisten zu verdanken, dass die Stürmung nicht gelingt.

1. September 2020 Gesundheitsminister Spahn lehnt sich erneut weit aus dem Fenster und sagt plakativ: „Man würde mit dem Wissen heute, das kann ich Ihnen sagen, keine Friseure und keinen Einzelhandel mehr schließen. Das wird nicht noch einmal passieren. Wir werden nicht noch einmal Besuchsverbot brauchen in den Pflegeeinrichtungen." Einige Lockdowns später werden die Aussagen Spahns heftig widerlegt sein.

8. September 2020 Chinas Regierung verkündet den „Sieg" über das Coronavirus. Offiziell – einfach so.

12. September 2020 Ganz anders ist die Sachlage in den USA. Dort sorgt eine Studie für großes Aufsehen. Im Gegensatz zu vielen großen Ausbrüchen, bei denen häufig die Beweise nicht erbracht werden können, belegt die Studie, dass ein mehrtägiges Biker-Treffen mit 460.000 Teilnehmern für über 260.000 Infektionen (mit)verantwortlich ist. Ein Superspreader-Event, das diesem Begriff mehr als gerecht wird.

14. September 2020 Aus Italien gibt es endlich gute Nachrichten für alle Kinder und Jugendlichen. Sie dürfen nach über einem halben Jahr wieder zur Schule gehen. Bis dahin hatte der 5. März 2020 für den gewaltigen Einschnitt in der Bildung gesorgt, es musste im Homeschooling unterrichtet und gelernt werden. Auch deshalb sagt der italienische Regierungschef Giuseppe Conte in einer Fernsehansprache: „Danke, ihr habt den höchsten Preis in dieser Krise gezahlt."

15. September 2020 Ein extrovertierter Bus-Fahrgast gerät in Großbritannien in die Schlagzeilen, weil er eine Schlange um den Hals trägt – und diese tatsächlich als seine Maske bezeichnet. Daraufhin sehen sich die öffentlichen Nahverkehrsbetriebe in Manchester dazu veranlasst, folgende Klarstellung zu veröffentlichen: „Eine um Hals und Kopf gewickelte Schlange ist kein ordentlicher Mund-Nasen-Schutz." Diese Anekdote ist so tierisch bescheuert, dass sie eigentlich nicht wahr sein kann. Bilder jedoch dokumentieren den Vorfall.

21. September 2020 Abenteuerlich wird es auch in den Niederlanden, wie ein Zitat von Regierungschef Mark Rutte verdeutlicht: „Einfach die Klappe halten, wenn man dasitzt, den Wettkampf anschauen und nicht brüllen." Rutte nimmt Bezug darauf, dass in seinem Land Zuschauer in den Stadien nur unter entsprechenden Vorgaben zugelassen sind: Der Mindestabstand von 1,5 Metern muss gewahrt werden. Und auch die Contenance, denn laute Rufe, Sprechchöre und Gesänge sind nämlich strikt verboten. Ein Beileid den Ordnern, die das zu kontrollieren haben.

23. September 2020 Kalt ist und bleibt die Stimmung zwischen den USA und China. Denn US-Präsident Donald Trump holt zum x-ten Male gegen die Chinesen aus: „Es ist das China-Virus, nicht das Coronavirus. Corona klingt nach einem Ort in Italien, einem schönen Ort. Nein, es ist das China-Virus!"

Die zweite Welle schwappt über
(Oktober 2020 bis Dezember 2020)

„Eine Bewährungsprobe, wie wir sie seit dem
Zweiten Weltkrieg nicht mehr hatten."

2. Oktober 2020 Donald Trump ist infiziert. Auch seine Frau Melania hat Corona. Trump twittert: „Wir werden unseren Quarantäne- und Genesungsprozess unverzüglich beginnen. Wir kommen da zusammen durch." Plötzlich gilt selbst im Weißen Haus die höchste Sicherheitsstufe, es wird eine Komplett-Quarantäne verhängt. Ganz schön viel Aufwand für etwas, was der US-Präsident lange Zeit für nicht ernst genommen hatte.

Corona-Infektionszahlen (6. Oktober 2020, 20 Uhr)
Land = Infektionen I an/mit Corona verstorben
Australien = 27.174 I 895
Bangladesch = 371.631 I 5.405
Brasilien = 4,9 Mio. I 146.675
China = 90.660 I 4.739
Deutschland = 306.995 I 9.550
Griechenland = 20.541 I 420
Großbritannien = 518.237 I 42.535
Indien = 6,7 Mio. I 104.555
Italien = 330.263 I 36.030
Kasachstan = 108.296 I 1.725
Niederlande = 150.382 I 6.538
Österreich = 49.819 I 822
Schweden = 96.145 I 5.895
Schweiz = 56.632 I 2.081

Spanien = 825.410 | 32.486
Südafrika = 682.515 | 17.016
USA = 7,4 Mio. | 210.464
Weltweit = 35,6 Mio. | 1,0 Mio.

10. Oktober 2020 Wie streng es in manchen Teilen der Welt zugeht, gibt es in der Autonomen Region Castilla y León über 60 Minuten live zu bewundern. Dort muss jede Art von Sport in Innenräumen, bei der es zu Körperkontakt kommt, mit Maske betrieben werden. Daher kommt es in einem Spiel der Liga Asobal, Spaniens höchster Handball-Klasse, zu verrückten Bildern. Den Profis von Ademar León und Balonmano Sinfín rutscht der Mund-Nasen-Schutz nämlich immer wieder ins Gesicht. Viele der Profis beschweren sich zudem nach der Partie über Atemprobleme. So zum Beispiel Erwin Feuchtmann, der gegenüber Sport1 schimpft: „Denen wurde schlecht, die waren kurz vorm Kollabieren. Ist ja logisch, wenn du die ganze Zeit dein eigenes Kohlendioxid einatmest."

Darko Dimitrievski und seine Teamkollegen von Sinfín müssen 60 Minuten mit Masken Handball spielen. Bild: Twitter @RasmusBoysen92

11. Oktober 2020 Donald Trump sorgt weiterhin für Schlagzeilen. Durch Äußerungen, die eigentlich verboten gehören. Trump verkündet nämlich nach seiner kürzlichen Infektion etwas, was überhaupt nicht bewiesen ist: „Ich kann es nicht mehr bekommen. Und kann es nicht mehr weitergeben."

12. Oktober 2020 Am Grundgerüst der Quarantäne rütteln auf einmal die Italiener. Bis dahin gelten für Infizierte 14 Tage Regelwartezeit ohne Außenkontakte. Plötzlich verkürzt Italien die Dauer der Corona-Quarantäne für diejenigen auf zehn Tage, die zwar positiv getestet wurden, aber keine Symptome aufweisen.

17. Oktober 2020 Geändert wird (kurzzeitig) der Name des spanischen Fußball-Erstligisten FC Getafe. Was ziemlich banal klingt, ist eine sehr bemerkenswerte Idee und Handlung. Denn ausgerechnet vor dem Spiel gegen den großen FC Barcelona prangt überall nur noch ein „Fe" - das spanische Wort für „Glauben". Der Madrider Vorstadt-Klub streicht die ersten Silben kurzfristig aus dem Vereinsnamen und teilt mit: „Unser Verein ändert seinen Namen, um die Welt darum zu bitten, nicht den Glauben zu verlieren. Die Situation, die wir weltweit gerade erleben, ist außergewöhnlich. Getafe kann nicht weiter gleichgültig sein und hat deswegen entschieden, eine positive Botschaft in die Welt zu senden."

20. Oktober 2020 Bundesgesundheitsminister Jens Spahn hat derweil definitiv keine positive Botschaft für die Menschen in Deutschland: „Es geht um die größten

Freiheitseinschränkungen in der Geschichte der Bundesrepublik, es geht um Zumutungen für den Einzelnen und für die Gesellschaft." Im bayerischen Landkreis Berchtesgadener Land etwa dürfen die Einwohner die eigene Wohnung ab diesem Tag – exakt um 14 Uhr – nur noch mit triftigem Grund verlassen. Dazu zählen:

- Arbeitsweg
- Arztbesuch
- Einkauf
- Besuch von Lebenspartnern
- Sport (allein!)

Exkurse: Zwei Risikopatienten berichten über ihren Corona-Alltag

„Es ist schon befremdlich, seine engsten Vertrauten nach einem negativen Testergebnis zu fragen und sie an ihre FFP2-Masken zu erinnern. Immerhin will doch jeder so leben, dass in irgendeiner Form noch menschliche Nähe möglich ist. Die war für meine Genesung beinahe genauso wichtig wie die richtigen Medikamente bei der Chemotherapie.“

Die Chemotherapie gibt es auf dem Flur. Als hätte es Melanie P. (Anmerkung: *Name auf Wunsch abgekürzt*) mit ihrer Krebsdiagnose nicht schon schlimm genug erwischt, erhält die junge Frau aufgrund von Mindestabständen und Corona-Kontaktbeschränkungen ihre wichtige Behandlung an einigen Tagen tatsächlich zwischen Tür und Angel. „Jeder Arztbesuch ist zu einer großen Herausforderung geworden", gesteht Melanie. „Schon alleine der Weg dorthin. Ich habe kein Auto, mit Fahrrad durfte ich aufgrund meiner körperlichen Verfassung auch nicht fahren, also blieben nur Taxi oder Uber als Alternative. Ein wirklich sehr komisches Gefühl, in dieser Zeit zu einem Fremden ins Auto zu steigen. Ich konnte ja überhaupt nicht einschätzen, wo diese Person zuvor unterwegs gewesen ist oder wie umsichtig sie agiert. Ein Fahrer behauptete tatsächlich, er sei ganz, ganz sicher coronafrei. Immerhin wäre er erst kürzlich im Krankenhaus gewesen wegen seiner Analfistel-OP. Und im Zuge dessen hätten die Ärzte ja einen Abstrich durchgeführt, der negativ war. Ich könne meine Maske

also abnehmen, sagte er. Er selber trug wie selbstverständlich auch keine Mund-Nasen-Bedeckung. Ein anderer Fahrer erzählte mir völlig ungehemmt von seiner
unter Fieber leidenden Tochter. Einfach unglaublich!"
Beim Arzt angekommen, warten dann gleich die nächsten unangenehmen Überraschungen auf sie: „Es war
teilweise schon echt skurril, wie die Türsteher vor den
Krankenhäusern positioniert waren. Das hat eher an be-
liebte Berliner Szeneclubs als an unser Gesundheitssystem erinnert. Aber im Ernst, es ist kein schönes Gefühl,
in dieser Zeit als Risikopatient ohne Begleitung zu einer
akuten Behandlung zu müssen. Dabei habe ich mich oftmals alleine gefühlt, ohne die physische und mentale
Unterstützung meiner Familie und Freunde. Aber auch
für sie war es schlimm, dass sie mir nicht so nahe und
behilflich sein konnten, wie sie es unter ‚normalen' Umständen gewesen wären. Das war jedes Mal aufs Neue
eine echte Grenzerfahrung."
Der negative Höhepunkt ist für Melanie P. erreicht, als
sie sich mit einer eitrigen Mandelentzündung – ausgelöst durch die erste „Chemogabe" – bei ihrer Onkologin
meldet. Diese rät ihr, sich wegen des Fiebers sofort in die
Rettungsstelle zu begeben. Und dort verbringt Melanie
zehn (!) Stunden inmitten von potenziell infektiösen
Menschen. „Ich habe zwar eine FFP3-Maske erhalten,
aber ein Corona-Abstrich oder gar ein vollständiges
Blutbild wurde nicht gemacht? Wäre ja nicht nötig,
wurde mir gesagt, da meine Diagnose eindeutig sei."
Die mittlerweile vom Krebs genesene Melanie kommt
selbst aus dem Gesundheitswesen. Sie arbeitet vor ihrer
Erkrankung regelmäßig auf einer Corona-Station in ei-

nem Krankenhaus, deshalb kann sie gewisse Vorgehens- und Verhaltensweisen der Mitmenschen noch viel weniger nachvollziehen. „Egal ob Risikopatientin oder nicht, Corona darf nicht auf die leichte Schulter genommen werden. Wenn ich dann Leute sehe, die beim Einkaufen ganz bewusst ohne Mundschutz unterwegs sind und mich völlig aus dem Nichts aus 30 Zentimetern Nähe ansprechen, dann kann ich das absolut nicht nachvollziehen. Für mich könnte so eine Situation – im schlimmsten Fall – lebensbedrohlich sein. Und wie gesagt, selbst ohne Vorerkrankung gehört sich so ein Verhalten einfach nicht."

Manchmal erschrickt sich Melanie selbst über ihre neue und völlig ungewohnte Distanz zu den Mitmenschen. „Ich würde von mir behaupten, ein wirklich sehr geselliger Mensch zu sein. Bei Fremden bin ich aber notgedrungen vorsichtiger geworden. An der Ampel versuche ich lieber einen Schritt mehr auf Abstand zu gehen, wechsele die Straßenseite, wenn mir größere Gruppen entgegenkommen. Und Smalltalk fällt nun einmal komplett weg. Es fühlt sich teilweise für einen selbst so an, als habe man eine soziale Phobie. Wenn zum Beispiel andere Menschen husten, ekele ich mich förmlich vor potenziell infektiösem Aerosol."

Die Einschränkungen betreffen den kompletten Alltag. „Online-Shoppen statt einkaufen gehen, Lieferdienste statt Restaurants, das kann alles mit der Zeit ganz schön eintönig werden", erklärt Melanie. „Und Treffen mit engen Freunden laufen natürlich auch deutlich anders als zuvor ab. Es ist schon befremdlich, seine engsten Vertrauten nach einem negativen Testergebnis zu fragen und sie an ihre FFP2-Masken zu erinnern. Immerhin will doch jeder so leben, dass in irgendeiner Form noch menschliche Nähe möglich ist. Die war für meine Genesung beinahe genauso wichtig wie die richtigen Medikamente bei der Chemotherapie. Man hat plötzlich Ängste und Sorgen, die einen aus dem Alltag reißen. Das kann schon sehr zermürbend sein."

Letztlich hat ein inzwischen altbekanntes „Pandemie-Mittel" sie durch die schwierige Zeit gebracht – virtuelle Treffen mit den Freunden, um sich die Angst von der Seele zu reden und vor allem, um abgelenkt zu sein. „Wir haben viel telefoniert. Das hat mir – zusammen mit dem Ende der Chemotherapie – meine Lebensenergie wiedergegeben. Der Zusammenhalt unter Freunden und Familie ist eben stärker als das Virus", kann sich Melanie P. auf ihre starken Rückhalte verlassen.

Bei Ivan Klasnić liegt der Ursprung der Vorerkrankung schon um einiges länger zurück. Der ehemalige Weltklasse-Bundesliga-Stürmer und kroatische Fußball-Nationalspieler musste sich 2006 einer Nierentransplantation unterziehen, weil eine Nierenschwäche 2002 nicht ausreichend behandelt wurde. Mittlerweile sind es drei Nierentransplantationen bei Klasnić – und damit verbunden die ständige Ungewissheit, wie lange das Spender-Organ noch funktioniere. Wohl auch deshalb schätzt er seine Einstufung als Risikopatient als „ziemlich normal ein".

Ob er deshalb besonders vorsichtig unterwegs sei? „Nein, warum denn auch? Man kann doch ohnehin nicht viel machen", sagt Klasnić. Dennoch weiß aber auch er um die Besonderheit der Situation: „Ob Risikopatient oder nicht, es ist doch für alle Beteiligten schwierig. Für eine solche Ausnahmesituation muss man mental auf der Höhe sein, mit sich selbst im Reinen. Nur ein Beispiel: Beim Einkaufen haben wir alle eine Maske auf und sollten auf den Sicherheitsabstand achten. Wenn dieser mal – aus Versehen – nicht eingehalten wird, kann man darauf auch höflich hinweisen. Einige Menschen übertreiben es. Vorsicht heißt nicht, dass man unfreundlich werden muss. Die meisten meinen es nicht böse, sondern haben Corona vielleicht einfach mal für einen kurzen Moment verdrängt."

23. Oktober 2020 Berlins Bildungssenatorin Sandra Scheeres fordert, dass Lehrer und Schüler das regelmäßige Öffnen und Schließen von Fenstern fortan „trainieren" sollen. Mittlerweile gehört regelmäßiges Lüften zu den offiziellen Vorgaben des Bildungsträgers. Klassenräume müssen vor und nach dem Unterricht sowie mindestens einmal mittendrin – in jeder Unterrichtungsstunde – für mehrere Minuten komplett durchgelüftet werden. Später wird Angela Merkel auch noch sagen: „Man muss sich vielleicht wirklich noch etwas Wärmeres zum Anziehen mitbringen. Vielleicht macht man auch mal eine kleine Kniebeuge oder so oder klatscht in die Hände, damit man ein bisschen warm wird." An diesen aberwitzigen Aussagen ist deutlich zu erkennen: Es wurde schlicht und einfach verschlafen, während des größtenteils coronafreien Sommers etwas für die Bildungseinrichtungen zu tun.

24. Oktober Die Slowakei beschreitet neue Wege im Kampf gegen die Pandemie. An den kommenden drei Wochenenden sollen (und werden) alle über zehn Jahre alten Bewohner des Landes einem Antigen-Schnelltest unterzogen. Der Massentest ist freiwillig, rein offiziell zumindest. Regierungschef Igor Matovič erklärt: „Die Tests werden mit sehr großer Wahrscheinlichkeit freiwillig sein." Dann folgt das großer Aber: „Mit der Einschränkung, dass jeder, der keinen negativen Test vorweisen kann, für die nächsten zehn Tage in Quarantäne gehen muss." Und das sicher nicht freiwillig.

28. Oktober 2020 Skurril wird es in den USA. In der bedeutendsten Baseball-Partie weltweit spielt auch

Corona eine Rolle. Justin Turner, Basemann der LA Dodgers, wird mitten im Spiel von seinem positiven Corona-Test unterrichtet. Es folgt die unmittelbare Auswechslung im achten Inning. Doch wer damit rechnet, dass sich Turner unverzüglich in Isolation begibt, der sieht sich gewaltig getäuscht. Wenig später feiert er nämlich ausgelassen mit seinen Kollegen den World-Series-Triumph, getreu dem Motto: Corona gibt es noch länger, Meister wird man aber vielleicht nur einmal.

30. Oktober 2020 Aus dem Süden Deutschlands meldet sich die Vereinigung der Pflegenden in Bayern mit einer schockierenden Mitteilung: „Die ohnehin dünne Personaldecke führt schon heute dazu, dass Pflegende trotz Infektion weiterarbeiten müssen, um die Versorgung zu gewährleisten."

1. November 2020 In Australien heißt es hingegen „No COVID". Zum ersten Mal seit fünf Monaten wird binnen 24 Stunden keine einzige Infektion vermeldet. Gesundheitsminister Greg Hunt bedankt sich daraufhin bei „all den fantastischen Mitarbeitern im Gesundheitswesen und bei allen Australiern."

2. November 2020 Bundeskanzlerin Angela Merkel sagt mit drakonischer Stimme: „Eine Bewährungsprobe, wie wir sie seit dem Zweiten Weltkrieg nicht mehr hatten." Deshalb tritt der „Wellenbrecher-Shutdown" in Kraft, mit größten Einschränkungen für jeden Einzelnen. Bars, Restaurants, Kneipen, Hotels, Clubs, Fitnessstudios – alle müssen für den kompletten November schließen.

Außerdem sollen die Kontakte drastisch heruntergefahren werden, die Menschen dürfen sich nur noch mit einer Person aus einem weiteren Haushalt treffen.

Corona-Infektionszahlen (2. November 2020, 20 Uhr)
Land = Infektionen | an/mit Corona verstorben
Australien = 27.602 | 907
Bangladesch = 410.988 | 5.966
Brasilien = 5.545.705 | 160.704
China = 91.403 | 4.739
Deutschland = 560.369 | 10.573
Griechenland = 42.080 | 642
Großbritannien = 1,0 Mio.| 46.943
Indien = 8,2 Mio. | 123.097
Italien = 731.588 | 39.059
Kasachstan = 112.860 | 1825
Niederlande = 374.637 | 7527
Österreich = 114.016 | 1.159
Schweden = 124.355 | 5.938
Schweiz = 176.177 | 2.388
Spanien = 1,2 Mio. | 36.257
Südafrika = 727.595 | 19.465
USA = 9,2 Mio. | 231.263
Weltweit = 46,8 Mio. | 1,2 Mio.

4. November 2020 Düsseldorf verhängt eine im gesamten Stadtgebiet geltende Maskenpflicht. Soweit noch vertretbar. Mit Blick auf das mögliche Bußgeld bei einem Vergehen fehlen einem aber die Worte. Es drohen bis zu 25.000 Euro Strafe.

9. November 2020 Die vielleicht wegweisendsten Worte in der Corona-Zeit überhaupt stammen von Dr. Uğur Şahin. Şahin ist Chef der Mainzer Pharmafirma BioN-Tech und hat für Europa bereits einen beschleunigten Zulassungsprozess für seinen Impfstoff beantragt. Er sagt: „Das ist die erste Evidenz, dass COVID-19 durch einen Impfstoff beim Menschen verhindert werden kann." Das erhoffte Wundermittel trägt den Namen BNT162b2.

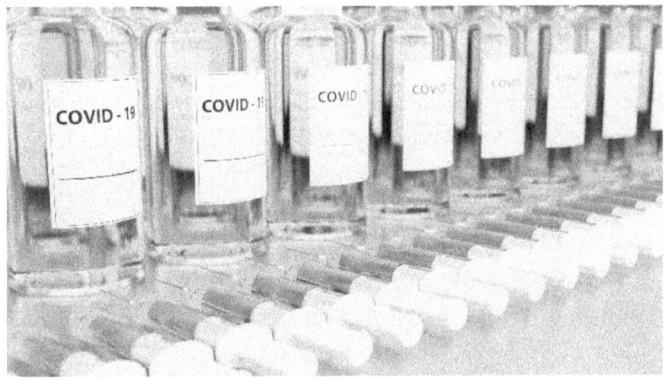

Die (Impf-)Dosen, die Hoffnung machen. Bild: torstensimon

13. November 2020 Fragezeichen wirft der Sonderweg Schwedens auf. Trotz der mittlerweile überschwappen-den zweiten Welle gibt es keine Einschränkungen. Chef-Epidemiologe Anders Tegnell schmallippig dazu: „So läuft das bei uns in Schweden."

Exkurs: Die „Variante Schweden"

„Die Nation ist gespalten."

Josef Kilit muss es wissen. Bei ihm geht der Querschnitt der schwedischen Gesellschaft wochentags im Restaurant und am Wochenende im Nachtclub ein und aus. Er bekommt mit, wie die Meinung im Volk ist. „Die Nation ist gespalten", weiß Josef. „Die einen sind im Glauben, dass sie unsterblich seien. Die anderen sind vorsichtig, sie haben Angst."
Und er selbst? „Ich glaube, dass die Lösung irgendwo dazwischen liegt. Mit einem richtigen Lockdown über mehrere Wochen hätten wir alle über die Runden kommen können. Vielleicht würden wir in Schweden dann australische Verhältnisse und endlich Ruhe haben." Dass sei aus seiner Sicht allerdings keineswegs der Fall, weil „ein Spiel für die Galerie getrieben wurde." Kilit meint damit die öffentliche Zurschaustellung der monatelang (angeblich) überhaupt nicht vorherrschenden Maßnahmen. „Ich kann das definitiv nicht so stehen lassen. Ein Beispiel: Irgendwann gab es die Ausgangsbeschränkungen um 22 Uhr, dann um 20 Uhr. Trotzdem hieß es, dass weiterhin alles möglich sei. Mein Club öffnet in der Regel um 23 Uhr – also wie genau sollte da alles möglich sein?"
Der Gastronom betont, dass es ihm „auf keinen Fall darum ginge, in so einer Phase wie der aktuellen, Geld zu verdienen. Aber es entspricht aus meiner Sicht einfach nicht den Tatsachen. Es gab so viele Auflagen, um den Alltag zu wahren, die konnten wir niemals erfüllen. Frei

bewegen, ja. Aber frei fühlen?" Er muss beim Zoom-Call keine Sekunde überlegen, sogar eher etwas schmunzeln und sagt betont: „Nein!"

Ab Anfang November 2020 nimmt die Anzahl der Infektionen in Schweden rasant zu. Einer der Gründe sind laut Kilit die vermehrten Tests. „Diese Tatsache soll die Gefahr des Virus überhaupt nicht verharmlosen. Aber anfangs hatten wir halt einfach gar keine Tests. Mittlerweile gibt es sogar ‚Drive-Ins' – mit dem Auto reingefahren, Fenster runter, Stäbchen rein."

Kilit kann sich erneut ein Schmunzeln nicht vollends verkneifen und erinnert sich an die Anfangsphase der Pandemie: „Damals sprach die Regierung von der Herdenimmunität, wollte also einfach alles laufen lassen." Heute, da sieht die Situation auch mit der „Variante Schweden" düster aus.

Der Restaurantbesitzer selbst wird von dem Virus hart getroffen. Knapp drei Wochen lang leidet er unter „heftigen Symptomen", muss drei Tage im Krankenhaus verbringen und mit zusätzlichem Sauerstoff versorgt werden. „Ich hatte das Gefühl, als würde der Kopf, der auf meinem Körper sitzt, gar nicht da sein." Hohes Fieber, Gliederschmerzen, Kopfschmerzen und der Verlust der Geschmacksnerven – den dreifachen Familienvater erwischt das volle COVID-19-Programm. Er will es keinesfalls falsch verstanden wissen, die Regierung könne natürlich nichts für seine Infektion. „Aber eine Lösung finden sie eben auch nicht."

14. November 2020 In Österreich bricht gefühlt die Panik aus. Ein Grund dafür ist, dass der damalige Kanzler Sebastian Kurz kein Blatt vor den Mund nimmt: „Treffen Sie niemanden. Jeder soziale Kontakt ist einer zu viel." Für die Bewohner der Alpenrepublik kommt es erneut zu einem harten Lockdown. Die Ausgangsbeschränkungen gelten für den kompletten Tag, die Wohnung darf nur noch aus bestimmten Gründen wie zum Einkaufen verlassen werden.

16. November 2020 Der Schweizer Gesundheitsökonom Willy Oggier spricht ein äußerst sensibles, weil die Versorgungs-Grundrechte eines jeden Menschen betreffendes Thema an. Sein radikaler Vorschlag im Interview mit der Basler Zeitung lautet: Corona-Leugnern soll bei Engpässen auf der Intensivstation die Behandlung verweigert werden. „Wer angezeigt wird, weil er die Abstands- und Hygieneregeln mutwillig missachtet, soll die Verantwortung für sein Handeln tragen. Ich schlage vor, dass diese Personen namentlich erfasst werden und im Zweifelsfall kein Intensivbett erhalten. Ganz nach dem Verursacherprinzip." Oggier betont, dass es ihm nicht um eine Art Bestrafung gehe, sondern vielmehr um eine Entscheidungshilfe für Ärzte, falls sie Patienten priorisieren müssten (Anmerkung: *die Triage*).

Unterdessen wird in Deutschland der Begriff „1-Freund-Regel" geschaffen. Mit der Regel sollen die persönlichen Kontakte bis auf das absolute Minimum begrenzt werden. Selbst Kinder dürfen nur noch einen einzigen Freund aus einem anderen Haushalt treffen. Die Politik wird in ihren Maßnahmen rigoroser, wirkt aber zugleich zunehmend verzweifelter.

17. November 2020 Dass der Weg zu den Zielen nun vehementer verfolgt wird, zeigt sich im niedersächsischen Helmstedt. Knapp 100 Bewohner müssen in dem Ort Helmstedt in Schach gehalten werden, weil sie mehrfach die verhängte Quarantäne-Anordnung missachten. In letzter Instanz werden zwei komplette Wohnblocks für zwei Wochen eingezäunt und von einem Sicherheitsdienst bewacht. Selbst einkaufen dürfen die Bewohner nicht mehr, das übernehmen die Mitarbeiter des Roten Kreuzes.

25. November 2020 Im Landkreis Hildburghausen wird es makaber. In der „Corona-Hochburg" mit einer Inzidenz von über 600 versammeln sich knapp 400 Menschen abends auf dem Marktplatz und ziehen durch die engen Gassen der südthüringischen Stadt. Fast niemand hat eine Maske auf. Es kommt aber noch verrückter, denn die Menschen stimmen sarkastisch-fröhlich an: „Oh, wie ist das schön, oh, wie ist das schön. So was hat man lange nicht geseh'n, so schön, so schön!" Eine Umzugsstimmung, die an Groteske kaum zu überbieten ist. Denn das auf der Hotspot-Map des RKI als einziger Landkreis pink (Anmerkung: *für die höchste Infektionsquote, die es gibt*) eingefärbte Hildburghausen hat eben nicht nur extrem hohe Fallzahlen, es sind darüber hinaus auch alle Intensivbetten belegt.

26. November 2020 Skurrile Szenerie in Frankreich. Dort öffnen die Skipisten – aber die Lifte bleiben aufgrund der Ansteckungsgefahr geschlossen. Fahren ist also erlaubt, den Hang hochkommen müssen die Wintersportler aber gefälligst allein.

2. Dezember 2020 Das Virus hat Europa fest im Griff. EU-Gesundheitskommissarin Stella Kyriakides bestätigt das mit folgendem Fakt: „Alle 17 Sekunden verliert eine Person in Europa ihr Leben durch COVID-19."

8. Dezember 2020 Um exakt 6.31 Uhr gibt es die frohe Kunde aus Großbritannien. Im Krankenhaus von Coventry bekommt die 90-jährige Margaret Keenan als erste Britin überhaupt die Impfung. „Das ist mein bestes Geburtstagsgeschenk", zeigt sich Keenan, die eine Woche später 91 Jahre alt wird, begeistert. Sie erhält den Impfstoff von BioNTech/Pfizer.

In Deutschland sieht die Situation hingegen weiterhin bedrohlich aus. Es gibt sogar mit dem Virus infizierte Personen, die sich trotz der vorherrschenden Zwangsquarantäne weiterhin unter das Volk mischen. Wegen dieser großen Gefahr für die Gesellschaft greifen sie in Baden-Württemberg zum Äußersten: Die Zwangseinweisung für Quarantäne-Verweigerer. Personen, die trotz Infektion ihr Haus verlassen und auch auf weitere Sanktionen nicht reagieren, können zukünftig von der Polizei in dafür hergerichteten Einrichtungen zwangseingewiesen werden. Innenminister Thomas Strobl erläutert die bis dahin völlig unvorstellbare Neuerung: „Eine Ultima Ratio für Menschen, die nicht bußgeldempfindlich sind."

Corona-Infektionszahlen (9. Dezember 2020, 20 Uhr)
Land = Infektionen | an/mit Corona verstorben
Australien = 28.000 | 908
Bangladesch = 485.965 | 6.967
Brasilien = 6,7 Mio. | 178.995

China = 94.010 | 4.748
Deutschland = 1,2 Mio. | 20.629
Griechenland = 119.720 | 3.289
Großbritannien = 1,2 Mio. | 63.179
Indien = 9,7 Mio. | 141.735
Italien = 1,7 Mio. | 61.739
Kasachstan = 182.657 | 2.546
Niederlande = 595.363 | 9.984
Österreich = 313.688 | 4.163
Schweden = 304.793 | 7.296
Schweiz = 368.695 | 5.791
Spanien = 1,7 Mio. | 47.019
Südafrika = 828.598 | 22.574
USA = 15,4 Mio. | 289.970
Weltweit = 69,1 Mio. | 1,5 Mio.

10. Dezember 2020 Berlins Regierender Bürgermeister Michael Müller verrät, persönliche Ereignisse hätten ihn insofern beeinflusst, dass er einem harten Lockdown zustimmt: „Es geht nicht in einer weltweiten Krise, in der Menschen sterben, dass wir sagen, uns ist dieser Adventssonntag wichtiger. Die Gesundheit der Berlinerinnen und Berliner ist mir wichtiger als ein Shoppingerlebnis. Wie wollen wir das denn gegenrechnen? Wie viele Tote ist uns denn ein Shopping-Erlebnis wert? Wie viele Tote wollen wir denn in Kauf nehmen für einen schönen Restaurantbesuch, für ein Candle-Light-Dinner? Wie viele Tote für einen Kinobesuch? Ich will's konkret mal hören von denen, die da ständig kritisieren. Und ich sage es ganz persönlich, in der letzten Woche, aus meinem Freundes- und Bekanntenkreis, vier Fälle! Ein älteres Ehepaar gemeinsam auf die Intensivstation gekommen, zwei andere verstorben. Die Einschläge kommen näher. Da hat sich etwas verändert. Es ist alles nicht mehr weit weg und anonym, sondern es ist auf einmal sehr nah."

13. Dezember 2020 Der nächste Lockdown in Deutschland wird verkündet. Bayerns Ministerpräsident Markus Söder gesteht sich ein: „Corona ist außer Kontrolle geraten. Deshalb braucht es jetzt eine nationale Kraftanstrengung." Die Maßnahmen lauten:

- Kontaktbeschränkungen auf fünf Personen aus zwei Haushalten für private Treffen
- Schüler und Kita-Kinder sollen – wann immer möglich – zu Hause bleiben
- Versammlungsverbot an Silvester, der Verkauf von Feuerwerk ist verboten
- Alkoholverbot in der Öffentlichkeit
- Der Einzelhandel schließt

Dabei hatte – es tut einem beinahe schon leid, es derart zu betonen – Jens Spahn noch am 1. September 2020 gesagt: „Man würde mit dem Wissen heute, das kann ich Ihnen sagen, keine Friseure mehr schließen und keinen Einzelhandel mehr schließen. Das wird nicht noch mal passieren." Den Politikern ist bekannt, was sie ihren Bürgern damit zumuten, sehen aber keine andere Alternative. Bundespräsident Frank-Walter Steinmeier sagt über den verschärften Lockdown: „Die Lage ist bitterernst. Von Mittwoch an wird deshalb unser öffentliches und unser privates Leben so stark eingeschränkt werden wie noch nie in der Geschichte der Bundesrepublik."

14. Dezember 2020 Ausgerechnet aus den USA, die ganz aktuell 300.000 Tote und damit die fünffache „60.000-Tote-Marke" von Donald Trump geknackt haben, stammen diese Worte: „Ich fühle mich großartig. Ich fühle mich erleichtert." Natürlich nicht mit Blick auf die Sterbezahlen, sondern auf die erste Impfung, die in den Vereinigten Staaten durchgeführt wird. Die New Yorker Krankenschwester Sandra Lindsay ist auf der Intensivstation des Long Island Jewish Medical Center im Stadtteil Queens im Einsatz und bekommt als erste Amerikanerin die Nadel in den Oberarm gestochen. Der TV-Sender CNN überträgt live, Lindsay spricht in die Kamera: „Ich möchte öffentlich Vertrauen schaffen, dass die Impfung sicher ist. Wir erleben eine Pandemie, wir müssen unseren Teil beitragen. Ich möchte jeden ermutigen, sich impfen zu lassen."
Und Deutschland? Eiert bei der wichtigen Impf-Thematik rum. Mittlerweile steht den Menschen in Großbritannien, den USA, Kanada, Bahrain und Israel der Stoff von BioNTech/Pfizer zur Verfügung. Dies ist deshalb so skurril, stammt das Unternehmen doch aus Mainz.

15. Dezember 2020 Die jüngere Generation darf sich in Kambodscha freuen. Im Laufe einer vierstündigen (!) Rede an die Nation verkündet Ministerpräsident Samdech Hun Sen: „Alle Schüler des Schuljahres 2019/20 bestehen die Prüfung, ohne sie abzulegen." Als Ausgleich dafür sollen sich die Jugendlichen in der Universität aber besonders anstrengen.

16. Dezember 2020 Der zweite Lockdown tritt in Deutschland in Kraft.

17. Dezember 2020 In Schweden bringt es König Carl Gustav auf den Punkt: „Wir haben versagt. Eine große Anzahl von Mitmenschen ist gestorben und das ist fürchterlich. Wir leiden alle darunter. Ich finde es schrecklich angesichts all der verstorbenen Menschen. Und die Traurigkeit und die Frustration, die viele Menschen und Unternehmer plagen, die auf dem Boden liegen und sogar ihr Geschäft verloren haben. Es war ein schreckliches Jahr." Das schwedische Königshaus hat keinen unmittelbaren Einfluss auf die Entscheidungen der Regierung, scheint mit der Corona-Politik des Landes allerdings alles andere als einverstanden zu sein.

18. Dezember 2020 Als hätten sie auf die Aussage des Königs nur gewartet, gibt es tags darauf die strengsten Maßnahmen – für schwedische Verhältnisse – in der Pandemie. Ministerpräsident Stefan Löfven gesteht ein: „Wir können nicht zum normalen Alltagsleben zurückkehren. Bei einer Pandemie geht es um Leben oder Tod." So drastisch wie seine Worte sind die Maßnahmen allerdings nicht, denn mit Blick auf eine Maskenpflicht spricht die schwedische Regierung zum Beispiel lediglich Empfehlungen aus.

19. Dezember 2020 Nur einen Tag nach der entdeckten Mutation in Südafrika vermeldet auch Großbritannien, dass es eine neue Coronavirus-Variante gibt. Diese soll (und wird) um ein Vielfaches ansteckender sein als die bisher bekannte. Premier Boris Johnson erklärt: „Wenn das Virus seine Angriffsmethode ändert, müssen wir unsere Verteidigungsmethode ändern." Damit einhergehend sagt Johnson Weihnachten für die Engländer sprichwörtlich ab. Millionen von Menschen hatten im Königreich bereits eine freiwillige Quarantäne durchgeführt und Züge, Flüge sowie Übernachtungen gebucht, um Weihnachten mit der Familie zu verbringen. Es bricht ein Chaos aus, denn im Anschluss gibt es einen Flugstopp für Maschinen aus Großbritannien.

21. Dezember 2020 In Deutschland rückt eine Impf-Nachricht die erstmals über 5.000 Corona-Intensivpatienten sowie den ersten entdeckten Fall der Mutation in den Hintergrund. Die Europäische Arzneimittel-Agentur EMA gibt das sehnsüchtig erwartete „Go" für die Zulassung des ersten Impfstoffs in der EU. Das Präparat von BioNTech/Pfizer trägt den Namen: BNT162b2. Acht Ziffern und Zahlen, die die Hoffnung auf (etwas mehr) Freiheit größer werden lassen. Die Verantwortlichen der EMA jubeln: „Ein Meilenstein." Alle Standards seien – trotz der Kürze der Zeit – eingehalten worden.

22. Dezember 2020 63°19′15″S 57°53′55″W / 63.32083°S 57.89861°W - Das Coronavirus macht selbst vor den abgelegensten Orten der Welt keinen Halt. Unter der Koordinate findet sich die chilenische Forschungsstation Bernardo O'Higgins Riquelme in der Antarktis. Mindestens 36 der Forscher sind mit COVID-19 infiziert, damit hat die Epidemie alle Kontinente erreicht.

24. Dezember 2020 Am Heiligen Abend wird es teils wenig weihnachtlich. In Deutschland herrschen vielerorts Ausgangssperren, sodass die Bürger zwischen 21 Uhr abends und 5 Uhr morgens nur für berufliche oder medizinisch notwendige Anlässe das Haus verlassen dürfen. Selbst vor der Bescherung mit den Liebsten wird kein Halt gemacht, wie einige Einwohner in der Grafschaft Bentheim zu spüren bekommen. Diese haben sich zu spät auf den Heimweg vom Verwandtenbesuch gemacht und bekommen von den Ordnungshütern ein deftiges Bußgeld aufgebrummt. 150 Euro Strafe – keine schöne Bescherung.

25. Dezember 2020 Selbst das Umhertreiben der sogenannten Querdenker fällt dieser Tage aus. Nicht aber, um sich und andere vor Ansteckungen zu schützen. Sondern um, wie der Initiator der fragwürdigen Bewegung mitteilt, „Kräfte für den Frühling zu sammeln". Nicht einmal in der besinnlichen Zeit setzt der klare Menschenverstand ein …

26. Dezember 2020 Einen Tag früher als erwartet wird im Seniorenzentrum Krüger in Halberstadt die erste Corona-Impfung in Deutschland verabreicht. Die 101-jährige Edith Kwoizalla bekommt den Piks in den Oberarm, obwohl sie es eigentlich gar nicht so unbedingt will. Ihr Sohn Wolfgang berichtet dem Focus: „Sie wollte verzichten, um es jüngeren Menschen mit einer Zukunft zu ermöglichen, die Impfung zu bekommen. Sie sagte zu mir, dass sie doch alt genug sei und es niemanden überraschen würde, wenn jemand mit 101 Jahren stirbt." So viel (versuchte) Rücksicht einer weisen Frau, die in die Geschichte eingehen wird.

27. Dezember 2020 Der Impfstart hat am Vortag begonnen, allerdings sehr zum Ärger von Gesundheitsminister Spahn. Eigentlich war der Beginn für den 27. Dezember angesetzt, weshalb Spahn schimpft: „Wir hatten mit allen Partnerländern der EU und mit den 16 Bundesländern vereinbart, am Samstag an alle auszuliefern und ab Sonntag gemeinsam mit den Impfungen zu beginnen." Aber warum warten? Für wen? Auf wen, wenn der Impfstoff doch zur Verfügung steht?

Sieht auch Immo Kramer, Chef des Impfzentrums im Landkreis Harz, im Gespräch mit der Bild so: „Es wurde immer gesagt, bei Corona zählt jeder Tag. Wir hatten den Impfstoff am Samstag und waren bereit. Warum sollten wir dann bis Sonntag warten? Das versteht kein Mensch. Ich bin froh, dass wir sofort losgelegt haben. Wir arbeiten hier für unsere Harzer Bevölkerung, für die Menschen, die hier leben, und nicht für einzelne Politiker, die einen Startschuss geben oder ein Bändchen durchschneiden wollen." Damit trifft Kramer den Nagel auf den Kopf.

Ansturm auf die Impfzentren. Hier bildet sich eine kilometer-
lange Taxi-Schlange vor der Arena Berlin. Bild: Jennifer Viertl

28. Dezember 2020 Während also in der Bundesrepublik
der Start der eminent wichtigen Impfkampagne erst an-
läuft, sind sie in Großbritannien schon um einiges weiter. Margaret Keenan, die vor drei Wochen die erste

Spritze überhaupt bekam, hat nun bereits die zweite Dosis erhalten. Zwischen den beiden Impfungen lag zudem noch der 91. Geburtstag der Britin.

31. Dezember 2020 Mit einer unfassbaren Dummheit und Dreistigkeit erregt Rod Philipps, Finanzminister der kanadischen Provinz Ontario, die Gemüter. Trotz einer landesweiten Sperre war er kurzerhand für einen Urlaub in die Karibik geflogen. Damit allerdings noch nicht genug, denn auf seinen Social-Media-Profilen postete Philipps noch frech Fotos von sich im Pullover – vor dem heimischen Kamin. Und versucht so, den Luxus-Urlaub zu kaschieren. Dummheit schützt vor Strafe nicht, der Minister ist sein Amt daraufhin los.

Exkurs: Das große (Baby-)Glück in Corona-Zeiten

"Ihr habt es gut. Es ist doch die beste Gelegenheit,
um ein Kind zu bekommen."

Es ist der Satz, den wir immer und immer wieder hören werden. Vorweg: Ja, es ist das größte Glück auf Erden, mit einem gesunden Baby gesegnet zu werden. Ein „Corona-Baby", wie häufig in den Medien getitelt wird. Für uns aber einfach nur: unsere kleine Mia, am 30. Dezember 2020 um 7.28 Uhr zur Welt gekommen. Sie soll behütet aufwachsen, so wie es sich alle Eltern für ihr Kind wünschen.

Aber geht das in diesen Zeiten überhaupt? Schon in der Schwangerschaft tauchten die ersten Bedenken an: Was passiert, wenn die Partnerin an Corona erkrankt? Ist es gefährlich für sie und den Fötus? Laut Studien soll für Schwangere keine erhöhte Gefahr bestehen, doch wer garantiert einem das? Und was bringt diese allgemeine Aussage, wenn einen selbst doch das Schicksal trifft? Es sind völlig normale Bedenken von werdenden Eltern, die mit Blick auf die Corona-Thematik aber eben doch für alle neu sind.

Weitere Fragen ergeben sich: Darf Man(n) bei der Geburt dabei sein? Wie lange müssen Frau und Kind im Krankenhaus bleiben? Wie oft darf ich sie besuchen? Bei meiner Freundin Jenni und unserer Tochter Mia geht alles gut. Wir haben Glück. Ich darf bei der Geburt dabei sein, die beiden an den kommenden Tagen immerhin für jeweils eine Stunde im Krankenhaus besuchen.

Kaum vorstellbar, wie riesig diese Freude über eine Stunde Besuchszeit bei seinen Liebsten ist, die man in dieser Phase voller Glückshormone natürlich gerne 24 Stunden um sich herum hätte.

Auch im Anschluss an die Geburt gibt es lauter Dinge, die man nicht machen kann. Krabbelgruppen, Baby-Schwimmen und vieles mehr, alles fällt wegen der Pandemie vorerst ins Wasser. Doch wir klagen nicht, in dem Wissen, dass es junge Eltern noch viel, viel härter treffen kann. Diese Erfahrung hat Alexandra Melendez machen müssen. Sie bekommt ihren Sohn Emmanuel bereits in der 26. Schwangerschaftswoche – und damit 14 Wochen zu früh. Die junge Mutter erzählt von ihren Erlebnissen: „Wir sind unglaublich stolze Eltern und haben uns so sehr ein Kind gewünscht. Als mein Mann Alexander dann zu keinem Frauenarzttermin aufgrund der Corona-Regeln mitdurfte, wurde die Freude schon sehr getrübt. Den ersten Herzschlag hören, gemeinsam „Baby-TV" schauen – all das hat nie wirklich stattgefunden. Das hat ihn sehr, sehr traurig gemacht und wird ihn auch sein Leben lang begleiten. Nicht einmal bei der Feindiagnostik durfte er dabei sein."

Und dann die Frühgeburt …

Per Not-Kaiserschnitt wurde der kleine Junge auf die Welt geholt. Alexandra erinnert sich: „Zum Glück wohnen wir nur vier Minuten vom Klinikum entfernt, sodass mein Mann schnell vor Ort sein konnte und auch länger bleiben durfte. Denn eigentlich sind die Besuchszeiten auf der Neonatologie mit einem bürokratischen Wahnsinn verbunden. Was da alles täglich erledigt und abgezeichnet werden muss, ist unglaublich. Häufig wusste auch kaum jemand zu helfen oder zu erklären, welche Regelung denn nun gerade galt. Das war irgendwie deckungsgleich mit dem ganzen Wirrwarr auf Regierungsebene. Zettel zum Ausfüllen hier, Codes auf einer speziellen App da. Und das Schlimmste war, mein Sohn durfte offiziell über all die Wochen nur in meine Augen schauen. Denn selbst als Mutter war es mir nicht erlaubt, die Maske abzunehmen. Das hat mich wahnsinnig gemacht. Fast sieben Monate im Krankenhaus (Anmerkung: *Emmanuel musste 212 Tage auf der Neonatologie verbringen, ehe er nach Hause durfte*) und mein Kind kennt mein Gesicht nicht? Für mich unvorstellbar. Bei anderen Eltern war die Angst größer, sie haben sich nicht einmal getraut, das Kind zu bonden. Eine katastrophale Situation, denn die Frühchen sind auf diesen Körperkontakt angewiesen."

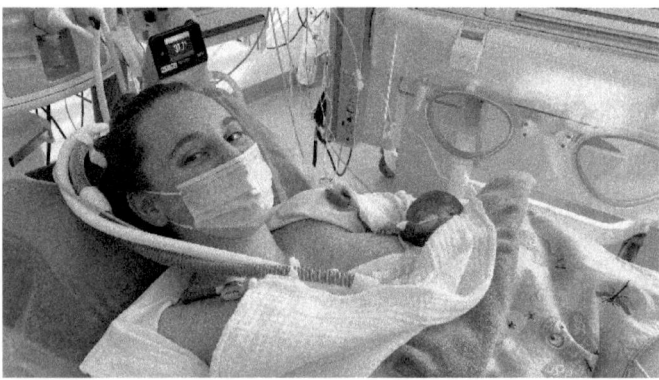

Alexandra Melendez mit ihrem geliebten Sohn Emmanuel auf der Charité-Frühchen-Intensiv-Station. Teilweise „känguruhten" – so heißt die Position – Mama und Sohn sechs Stunden lang. Bild: Alexandra Melendez

Auch im Ausland gibt es ähnliche Probleme. Lennart Thy, der in den Niederlanden lebt, durfte sich kurz nach Ausbruch der Pandemie über die Geburt seines Sohnes Leo freuen. Die Schwierigkeiten waren aber ähnlich wie in Deutschland: „Meine Eltern konnten ihren Enkel aufgrund der Einreiseverbote und Maßnahmen zum ersten Mal erst nach über sechs Monaten in den Armen halten", blickt er traurig zurück. „Und was für uns irgendwie am Schlimmsten und zugleich am Skurrilsten war: Die Hebamme durfte ebenfalls nicht vorbeikommen, sondern musste uns über Videoanrufe zeigen, wie wir unser Kind zu halten und zu stillen haben. Oder sie hat uns gefragt, ob der Kleine eine gesunde Hautfarbe hat. Woher sollten wir das wissen? Das war schon alles ziemlich absurd."

Der kleine Piks, der große Hoffnung macht
(Januar 2021 bis Februar 2021)

„Es ist erstaunlich sich vorzustellen, dass der ganze Ärger, die Spaltung, das Elend und der Verlust von Leben im vergangenen Jahr letztlich aus ein paar Schlucken entstanden."

4. Januar 2021   Die erste wirklich wichtige Corona-Nachricht im Jahr 2021 ist eine Gute: In Großbritannien wird der nächste Impfstoff eingeführt. Der 82-jährige Brian Pinker ist der erste Mensch weltweit, der sich mit AstraZeneca impfen lässt.

5. Januar 2021   Ganz anders ist die Lage in Deutschland. Bundeskanzlerin Angela Merkel verkündet den „Knallhart-Lockdown" mit (unter anderem) folgenden Maßnahmen:

- Treffen nur mit einer Person aus einem anderen Haushalt
- Schulen und Kitas bleiben geschlossen
- 15 Kilometer Bewegungsradius in Hotspots mit einer Inzidenz über 200

Den Grenzwert überschreiten zu jenem Zeitpunkt 68 Landkreise. Weshalb sich die Frage stellt: Wie soll die Einhaltung dieser Regeln kontrolliert werden? Und wer soll die Kontrollen vornehmen? Die Antworten bleiben vielerorts auf der Strecke.

6. Januar 2021 Immerhin gibt es die gute Nachricht, dass auch in der EU ein zweiter Impfstoff zugelassen wird – das Präparat des US-Herstellers Moderna.

8. Januar 2021 Nun wird es selbst in Schweden strenger mit den Regeln. Nach der Verabschiedung eines speziellen Pandemiegesetzes handelt die Regierung und führt erstmals verbindliche Maßnahmen ein. Für Geschäfte, Einkaufspassagen, Fitnessstudios, Sportanlagen und Schwimmbäder gilt: nur ein Besucher pro zehn Quadratmeter.

9. Januar 2021 Auch in Brasilien muss eine Platzfrage geklärt werden. Allerdings eine, bei der es einem eiskalt den Rücken runterläuft. In Manaus werden über 22.000 Gräber vertikal ausgehoben, um den Zusammenbruch des Bestattungswesens zu verhindern. Bürgermeister David Almeida erklärt: „Wir müssen den Platz, den wir haben, ausnutzen und werden den Tarumã-Friedhof vertikalisieren."

10. Januar 2021 In Kanada treibt es eine Frau auf den Gipfel der Phantasie. Sie wird von der Polizei nach 20 Uhr im Freien angetroffen, was – ohne einen triftigen Grund zu haben – gegen die Corona-Maßnahmen des Landes verstößt. Aus Sicht der Kanadierin ist dies kein Problem, denn sie rechtfertigt ihren Ausflug damit, dass sie mit ihrem Hund unterwegs sei. Die Sache hat jedoch einen Haken: An der Leine befindet sich kein Vierbeiner, sondern ein Mann. Für diesen Vorfall im Städtchen Sherbrooke bei Montreal muss die Spaziergängerin schließlich ein saftiges Bußgeld berappen: 1500 kanadische Dollar (Anmerkung: *zu diesem Zeitpunkt 967 Euro*).

11. Januar 2021 Aus dem San Diego Zoo werden zwei Corona-Infektionen gemeldet. Aber nicht etwa bei einem Pfleger oder Besucher, sondern bei zwei Gorillas. Diese haben sich höchstwahrscheinlich bei einem Pfleger, der asymptomatisch gewesen ist, angesteckt.

12. Januar 2021 Gar nicht witzig, sondern überaus beängstigend ist die Situation mittlerweile in Großbritannien. Dort muss auf Intensivstationen der Sauerstoff rationiert werden, da dieser knapp wird. Obendrein prophezeit der Chefmediziner der britischen Regierung, Prof. Chris Whitty, dass die schlimmsten Wochen noch bevorstünden.

14. Januar 2021 Ein Chaos bricht im Libanon aus. Die Menschen stürmen die Supermärkte und betreiben das „Hamstern" in großem Stil. Warum? Weil die Regierung den Gesundheitsnotstand ausruft, der wiederum eine Verschärfung des Lockdowns zur Folge hat. Deshalb gibt es eine elftägige Ausgangssperre für alle Bewohner des Landes. Nicht einmal mehr Lebensmittel dürfen (selbst) eingekauft werden, diese sollen die Supermärkte per Lieferdienst vorbeibringen. Eine logistisch nicht zu bewältigende Mammutaufgabe. Interessant dabei ist die Begründung des Ministerpräsidenten Hassan Diab: „Wegen der Leichtfertigkeit vieler Menschen müssen sie vor sich selbst geschützt werden."

15. Januar 2021 Nach einem schlechten Scherz klingt das Vorgehen eines israelischen Gesundheitsbeamten. Dieser wird verdächtigt, seine Ex-Partnerin gleich mehrfach in eine nicht erforderliche Quarantäne geschickt zu haben. Insgesamt viermal soll die Frau eine SMS mit der Aufforderung zur unverzüglichen Isolation bekommen haben. Dies wurde jeweils begründet mit dem Kontakt zu einer infizierten Person, was definitiv kaum bis gar nicht zu widerlegen ist. In Israel sendet das Gesundheitsministerium die Nachrichten aufs Handy, um über die Quarantänebestimmungen zu informieren.

17. Januar 2021 In Amerika ist der kommende US-Präsident Joe Biden besonders vorsichtig. Er trägt nicht nur eine Maske, sondern zwei übereinander – unten eine Standard-OP-Maske, darüber eine schwarze Mund-Nasen-Bedeckung aus normalem Stoff. Ob das sinnvoll ist? Tatsächlich gibt es von der amerikanischen Gesundheitsbehörde CDC eine Empfehlung für die Doppel-Maske. Dort wird erklärt, dass es auf die Anzahl der Schichten ankommt, die eine Maske hat. Die FFP2-Masken sind mehrschichtig und liegen eng am Gesicht an, was ausreichend ist. OP-Masken und normale Mund-Nasen-Bedeckungen bieten diesen Schutz nicht in ausreichender Form, sodass eine Doppel-Maske laut CDC sinnvoll ist.

18. Januar 2021 Wie abgeneigt manche Menschen gegenüber der Impfung sind, macht ein Dachdeckermeister deutlich. Uwe M. (Anmerkung: *Name aus Schutz der Person gekürzt*) aus Lengerich im Kreis Steinfurt bezeichnet die Impfung via Facebook als „Experimente mit der

Leistungsfähigkeit unseres Unternehmens zugunsten der Pharmaindustrie". Der Dachdeckermeister geht sogar noch weiter und droht seinen Mitarbeitern mit der fristlosen Kündigung, sollten sich diese gegen das Virus impfen lassen. Der Facebook-Post wird nach einem mächtigen Shitstorm gelöscht, aber das Internet vergisst bekanntlich nie. Und dieses Buch auch nicht …

19. Januar 2021 Immer wieder gibt es Meldungen über angebliche Wunderheilmittel in fernen Ländern. Ein Ausmaß wie in Sri Lanka nimmt es aber selten an. Dort beruft sich ein „heiliger Mann" auf Kali, die hinduistische Göttin des Todes, der Zerstörung und der Erneuerung. Sein Trank mit den Inhaltsstoffen Honig, Muskatnuss und Koriander soll vor Corona schützen. Für 2.500 Rupien (Anmerkung: *zu diesem Zeitpunkt etwa elf Euro*) gibt es das Fläschchen. An nur vier Verkaufstagen suchen mindestens 15.000 Menschen den „Heiligen" auf, wie ein örtlicher Behördenmitarbeiter meldet. Erst, als ein ranghoher Minister wegen des Tranks ins Krankenhaus eingeliefert werden muss, stoppt der Verkauf.

20. Januar 2021 Dass eine Erst-Infektion kein Freifahrtschein in ein coronafreies Leben ist, wird auf bittere Weise im Landkreis Freudenstadt in Baden-Württemberg festgestellt. Ein 73-jähriger Mann, der sich zum zweiten Mal mit dem Virus infiziert hatte, stirbt. Es ist der erste Fall dieser Art in Deutschland.

22. Januar 2021 Ein ganz spezielles Konzert findet in Oklahoma statt. Richtig gehört, ein Konzert! Die Besucher stehen aber nicht normal im Innenraum, sondern befinden sich beim coronakonformen Gig der US-Rockband Flaming Lips in „Space Bubbles". Das sind überdimensional große Plastikblasen, in denen bis zu drei Personen Platz nehmen können. So können alle Auflagen erfüllt werden. Wayne Coyne, Frontmann der Band, sagt nach dem Auftritt: „Es ist eine sehr eingeschränkte und damit seltsame Veranstaltung. Aber diesen verrückten Kram machen wir, damit wir ein Konzert genießen können, ohne unsere Familien und andere in Gefahr zu bringen. Ich denke, das ist die neue Normalität."

Ein Konzert während Corona? Die Flaming Lips zeigen sich besonders kreativ. Bild: Instagram @iloveflaminglips.

26. Januar 2021 Eine herzerwärmende Nachricht kommt aus den USA. Einer der beiden am 11. Januar 2021 im Zoo von San Diego infizierten Gorillas hat sich vor der Corona-Erkrankung erholt. Der 48-jährige Silberrücken Winston (Anmerkung: *Die Lebenserwartung liegt bei 35 bis 40 Jahren*) hatte mit einer Lungenentzündung sowie Herzproblemen zu kämpfen und gehört aufgrund seines hohen Alters quasi zur Risikogruppe. Doch dank einer speziellen Antikörper-Therapie, Herzmedikamenten und Antibiotika ist der Gorilla nun wieder auf den Beinen.

28. Januar 2021 Dass Corona für den Ar*** ist, da sind sich alle einig. Doch jetzt kommen die Chinesen dem Virus von hinten auf die Spur. Ihre neueste Test-Methode jedenfalls sieht – festhalten – einen Anal-Abstrich vor. Li Tongzeng, leitender Arzt im You'an Krankenhaus in Peking, erklärt, dass diese Methode „die Nachweisrate bei infizierten Personen erhöhen" kann. Die Begründung dafür: Im Anus sei COVID-19 länger nachweisbar als in den Atemwegen.

31. Januar 2021 In Australien sorgt exakt EINE Infektion dafür, dass die Einwohner der Stadt Perth für (mindestens) fünf Tage in einen knallharten Lockdown müssen. Schulen und Restaurants bleiben geschlossen, es gilt eine generelle Maskenpflicht und das Haus verlassen darf nur, wer zum Arzt, zur Arbeit oder zum Einkaufen will. Mark McGowan, Regierungschef von Western Australia, verteidigt das Vorgehen: „Unser Modell ist es, sehr, sehr schnell und scharf damit umzugehen." Im Bundesstaat ist es die erste Infektion seit zehn Monaten.
4. Februar 2021 In den USA werden Impfungen nun sogar im Supermarkt angeboten, so geschehen in Naples (Florida). Auch deshalb übersteigt genau an diesem Tag

die Zahl der weltweit geimpften Menschen die Zahl derer, die sich bis dato mit SARS-CoV-2 infiziert haben. Offiziell steht es 104,9 Millionen zu 104,4 Millionen.

5. Februar 2021 Selbst die Königsklasse des Fußballs wird vom Virus auf den Boden der Tatsachen geholt. RB Leipzig kann nicht im heimischen Stadion gegen Jürgen Klopp und den FC Liverpool antreten. Der Grund: Der Kult-Trainer und seine Mannschaft dürfen aufgrund der hohen Infektionszahlen auf der Insel nicht nach Deutschland einreisen. Gespielt wird stattdessen auf neutralem Boden in Budapest. Wobei neutral nicht frei von Corona heißt, denn in Ungarn herrschen – wie in Großbritannien – ebenfalls gewaltige Inzidenzen zu diesem Zeitpunkt.

Apropos Großbritannien: Die britischen Pubs haben knapp 50 Millionen Liter Bier vernichten müssen, wie die Britisch Beer and Pub Association berechnet. Ein „herzzerreißender Verlust", so die Verantwortlichen der Association. Umgerechnet ließen sich mit dieser Menge an Bier sage und schreibe 495.000 Badewannen füllen.

6. Februar 2021 Frühzeitig baden gehen kann auch NBA-Star Kevin Durant. Der 32-Jährige bekommt das komplette Wirrwarr der Corona-Maßnahmen zu spüren. Durant steht nicht in der Anfangsformation seiner Brooklyn Nets, weil er noch auf den Testbefund einer Kontaktperson warten muss. Zum Ende des ersten Viertels darf der Basketballer dann schließlich aufs Feld – nur um zu Beginn des dritten Viertels wieder vom Court zu müssen. Die Begründung: Die Kontaktperson wurde doch positiv auf Corona getestet. Durant selbst hat allerdings in den vorhergehenden 24 Stunden gleich drei negative Tests vorzuweisen, wie die Liga bekanntgibt. Der US-Profi twittert daraufhin vielsagend: „Free me."

10. Februar 2021 Wie aus dem Nichts wird in Deutschland ein neuer Inzidenzwert (35) ins Leben gerufen. Auf der Ministerpräsidentenkonferenz werden folgende Maßnahmen entschieden:

- Geschäfte dürfen öffnen, wenn die Inzidenz unter 35 sinkt
- Schulen und Kitas dürfen öffnen. Die Bundesländer entscheiden selbst über eine schrittweise Rückkehr zum Präsenzunterricht
- Kontaktbeschränkungen werden beibehalten

Die plötzliche Inzidenz von 35 sowie 16 unterschiedliche Möglichkeiten in der Schul- und Kita-Frage verwirren die Bevölkerung endgültig.

11. Februar 2021 Schon einmal eine solche Zahl gesehen: 2.000.000.000.000.000.000.000.000.000.000? Zwei Quintillionen bedeutet die Aneinanderreihung der Zwei mit den 30 Nullen. Und was hat das mit Corona zu tun? Der britische Mathematiker Kit Yates hat errechnet, dass alle Coronaviren der Welt in EINE 0,33l Dose passen. Die zwei Quintillionen spiegeln die (ungefähre) Zahl der zirkulierenden SARS-CoV-2-Partikel wider. Weiterhin wichtig für die Berechnung sind die globalen Infektionszahlen und die Virenlast. Yates äußert sich völlig begeistert über seine eigene Erkenntnis: „Es ist erstaunlich sich vorzustellen, dass der ganze Ärger, die Spaltung, das Elend und der Verlust von Leben im vergangenen Jahr letztlich aus ein paar Schlucken entstanden."

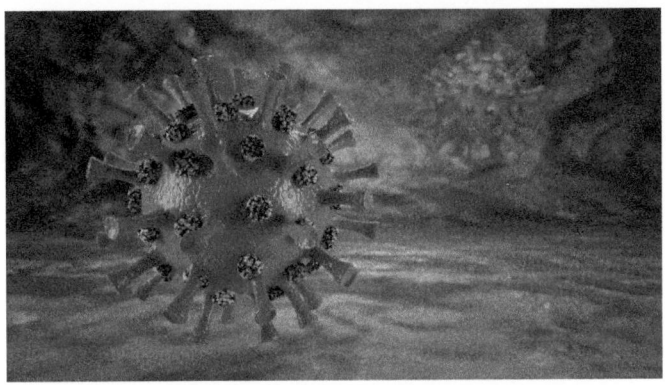

Eine Illustration des Virus. Bild: Samuel-FrancisJohnson

12. Februar 2021 Zu verrückten Szenen kommt es bei den Australian Open im Tennis. Mitten im Match zwischen Novak Djokovic und Taylor Fritz werden die Zuschauer um 23.30 Uhr von der Anlage geschickt, damit sie noch rechtzeitig vor Mitternacht zu Hause angekommen. Dann nämlich beginnt der fünftägige Lockdown in Melbourne – aufgrund lediglich fünf positiver Tests in der Metropole.

Corona-Infektionszahlen (15. Februar 2021, 20 Uhr)
Land = Infektionen | an/mit Corona verstorben
Australien = 28.900 | 909
Bangladesch = 541.038 | 8.285
Brasilien = 9,8 Mio. | 239.245

China = 100.608 | 4829
Deutschland = 2,3 Mio. | 65.177
Griechenland = 172.824 | 6.152
Großbritannien = 4,0 Mio. | 117.620
Indien = 10,9 Mio. | 155.840
Italien = 2,7 Mio. | 93.835
Kasachstan = 215.267 | 3.140
Niederlande = 1,0 Mio. | 14.963
Österreich = 434.712 | 8.221
Schweden = 608.411 | 12.428
Schweiz = 543.207 | 9.776
Spanien = 3,0 Mio. | 64.747
Südafrika = 1,4 Mio. | 47.899
USA = 27,6 Mio. | 485.465
Weltweit = 110,0 Mio. | 2,4 Mio.

17. Februar 2021 1202 statt 2021? Der ehemalige Vize-kanzler Sigmar Gabriel fühlt sich im Kampf gegen die Pandemie um mehrere Jahrhunderte in die Vergangen-heit zurückversetzt und sagt: „Was mich am meisten är-gert: Wir behandeln die Pandemie mit den Mitteln des Mittelalters. Bei der Pest wurden die Menschen auch nur weggesperrt. Die Mittel des 21. Jahrhunderts lassen wir aber weitgehend ungenutzt liegen. Die Corona-Warn-App ist ein Flop, es gibt kein Daten-Tracking, um die In-fektionsherde schnell zu lokalisieren, und unsere Ge-sundheitsämter melden Daten per Fax und zählen ver-mutlich noch händisch." Tatsächlich entspricht ein Großteil der Vorwürfe der Wahrheit.

18. Februar 2021 Nichts als die (Virus-)Wahrheit wollen sie unterdessen in Großbritannien ermitteln. Dafür geben die Behörden eine auf den ersten Blick bizarre, aber bei genauerem Hinsehen essentielle wissenschaftliche Studie in Auftrag. Insgesamt 90 Freiwillige zwischen 18 und 30 Jahren sollen gezielt mit COVID-19 infiziert und dann unter Laborbedingungen beobachtet werden. Mit den Ergebnissen wird im Anschluss effizienter an der Entwicklung von Impfstoffen und Medikamenten gegen das Coronavirus gearbeitet. Ähnliche Human-Challenge-Analysen gab es auch schon bei den Grippe- oder Malaria-Impfstoffen. Allerdings mit dem gehörigen Unterschied, dass den Probanden damals vorab ein potenzieller Impfstoff verabreicht werden konnte. Da dies bei der Corona-Studie nicht der Fall ist, wird zunächst die geringstmögliche Dosis an Viren zugeführt.

Keine Pause - Die dritte Welle ist schon da
(Februar 2021 bis Juni 2021)

„Es ist ein biologisches Fukushima."

21. Februar 2021 Ein Dokument sorgt in Israel in großem Umfang für ungewohnte Freiheit(en). Regierungschef Benjamin Netanjahu verkündet: „Der Grüne Pass öffnet das Land wieder schrittweise." Den Pass erhalten alle Personen, die geimpft sind. Damit lassen sich dann wieder Sport- und Kulturveranstaltungen besuchen, ebenso ist das Trainieren in Fitnessstudios wieder erlaubt. Wie das möglich ist? Israel hat alle Optionen ausgeschöpft, um bei der Impfung rasant voranzukommen. Auch, weil sogar bei Ikea geimpft wird. Die Spritze statt Shoppen – es werden Prioritäten gesetzt.

22. Februar 2021 Laut Forbes zählt Model Cara Delevingne mit ihrem Vermögen zu den millionenschweren Topverdienern der Szene. Sie ist unter anderem das Gesicht bekannter Marken wie Chanel oder Yves Saint Laurent. Trotzdem hindert das Delevingne nicht daran, die britische Corona-Soforthilfe für das Familien-Unternehmen Harvey White Properties Ltd. zu beantragen. Schamlos!

23. Februar 2021 Bundeskanzlerin Angela Merkel bestätigt: „Wir sind jetzt in der dritten Welle."

Exkurs: So sehr leiden Kinder
unter dem fehlenden Sport

„Fußball und Tennis? Bedeuten für mich einfach alles!"

Über sieben Millionen Mädchen und Jungen sind im Jahr 2020 Mitglied in einem deutschen Sportverein. Eine Mut machende Zahl, die Kinder und Jugendlichen haben Lust auf Bewegung. Doch plötzlich ist das nicht mehr möglich. Corona, geschlossene Sportstätten, keine Trainingsstunden. Wie das Statistische Bundesamt am 25. Februar 2021 mitteilt, ist rund die Hälfte der sieben Millionen Sportbegeisterten seit November 2020 vom Vereinssport abgeschnitten. Eine erschütternde Analyse, die noch auf Jahre, vielleicht sogar auf Jahrzehnte nachhallen wird.

Auch Ex-Skistar Felix Neureuther macht sich große Sorgen um den Nachwuchs. Er ist einer derjenigen, die gefühlt schon Ski fahren konnten, bevor sie laufen konnten. Unzählige Bilder gibt es vom Knirps Neureuther auf der Piste. Etwas, was in dieser Zeit nicht möglich ist. Neureuther kritisiert die Corona-Maßnahmen an sich nicht, hält vieles für richtig. Was ihn stört, ist genau ein Aspekt: „Aber wenn die Kinder zusammen im Klassenzimmer sitzen, dann verstehe ich es nicht, warum sie nicht draußen im Freien spielen dürfen oder Sport machen können – in kleinen Gruppen." Die gesamte Gesellschaft sei deshalb gefährdet, sagt Neureuther in der ARD-Sportschau: „Wir können nur eine gesunde Gesellschaft haben, wenn wir uns bewegen. Deswegen ist es so wichtig, dass die Kinder rausgehen dürfen. Die bewegen sich nicht mehr, sitzen stundenlang am Tag vor dem Computer. Wir müssen es schaffen, dass wir die Kinder wieder mehr in Bewegung bringen."

Einer, dem der Sport unglaubliche Freude bereitet, ist Luis Bengsch. Der 10-Jährige bekommt leuchtende Augen, wenn er über Fußball und Tennis spricht: „Die beiden Sportarten bedeuten mir einfach alles." Wie das im Detail aussieht? „Viermal die Woche habe ich Fußballtraining, zweimal die Woche Tennis. Dann am Wochenende jeweils noch ein Mannschaftsspiel. So kann ich mich herrlich auspowern und fühle ich mich viel besser." Luis berichtet von seinen völlig unterschiedlichen Tagesabläufen, die einen Teil des Dilemmas aufzeigen.

Luis Bengsch eifert – wenn erlaubt – seinen Tennis-Idolen nach. Bild: Dennis Schlüter

Ein typischer Tag VOR Corona

- 7 Uhr: Der Wecker klingelt.
- 8 bis 14 Uhr: Schule.
- 14.30 Uhr: Tennistraining.
- 17.30 Uhr: Fußballtraining.

Ein typischer Tag SEIT Corona

- 8 Uhr: Der Wecker klingelt.
- 9.30 Uhr: Frühstück.
- 10.30 Uhr: „Ich spiele auf einem öffentlichen Platz im Park. Fußball oder Tennis."
- 15 Uhr: „Mein Bruder Luki und ich hoffen auf schönes Wetter, um Fußball spielen zu können. Zu zweit."

Ob er seine Spielkameraden vermisse? „Natürlich", sagt Luis. „Beim Fußball ist es viel cooler, wenn man als Mannschaft zusammen ist." Stattdessen trifft er sich regelmäßig mit einem Freund aus demselben Wohnblock. Immerhin EIN Freund. Mehr ist nicht erlaubt, das verbieten die Maßnahmen zur Eindämmung des Virus …

26. Februar 2021 Tübingens Oberbürgermeister Boris Palmer prescht beim Thema Selbsttests vor, bietet seit zwei Wochen Gratis-Tests für Kinder und Personal an Schulen sowie Kitas an. Und er wütet gegen die Regierung: „Drei Wochen lang habe ich aus Berlin nur gehört, dass die Schnelltests noch nicht zugelassen sind. Dazu kann ich nur sagen: Ja, dann sperrt mich doch ein. Ich warte doch nicht auf eine Erlaubnis zum Nasebohren."

27. Februar 2021 Die Stadt Düsseldorf verhängt für die kommenden drei Wochenenden das sogenannte „Verweilverbot" für die Altstadt und das Rheinufer. Dafür werden 300 Schilder mit dem Schriftzug „Verweilverbotszone: Bitte gehen Sie weiter!" versehen und aufgestellt. Wer unerlaubt stehen bleibt, dem droht ein Bußgeld in Höhe von 50 Euro.

Alles andere als im Schneckentempo unterwegs ist hingegen ein 88-jähriger Franzose. Der Mann aus dem Elsass rast mit 191 Stundenkilometern in einen Blitzer – bei erlaubten 110 km/h. Die Begründung gegenüber den Beamten im Ort Bischoffsheim lautet: Er müsse zu einem Impftermin, würde zu spät kommen, wenn er nicht so aufs Gaspedal gedrückt hätte. Den Termin verpasst der Raser – und seinen Führerschein verliert er obendrein auch noch.

1. März 2021 Das sehnsüchtige Warten vieler deutscher Friseurkunden findet ein Ende: Sie dürfen sich nach über zwei Monaten wieder die Haare schneiden lassen. Der Ansturm auf die Termine ist dabei so groß, dass der Friseur Andreas Nuissl seinen ersten Termin via Ebay versteigert. Nach nur wenigen Tagen liegt das Angebot bei 300 Euro, der Endpreis der Auktion beträgt 422 Euro! Das Geld wandert allerdings nicht in die Tasche des Mannes aus Bayreuth, sondern wird für eine soziale Einrichtung im Ort sowie eine Hilfsorganisation, die sich für bedürftige Kinder einsetzt, gespendet.

3. März 2021 Die deutsche Regierung wagt den Schritt der Lockerungen. Allerdings sind diese an einen so wirren Stufenplan gekoppelt, dass dessen detaillierte Beschreibung an dieser Stelle die Grenzen sprengen würde. Einige Punkte als Beispiel:

- private Zusammenkünfte zukünftig mit einem weiteren Haushalt und maximal fünf Personen
- jeder Bürger erhält pro Woche einen kostenlosen Schnelltest
- in Kommunen mit einer 7-Tage-Inzidenz von 35 und darunter dürfen sich drei Haushalte treffen
- Notbremse: Wenn die 7-Tage-Inzidenz drei Tage in Serie über 100 liegt, treten zwei Tage später wieder strengere Regeln in Kraft

In den Niederlanden geht es hingegen mit roher Gewalt zu, auf ein Corona-Testzentrum wird ein Anschlag mit einem Sprengsatz verübt. Die Explosion des Metallzylinders zerstört in Bovenkarspel mehrere Fensterscheiben. Und das, obwohl Ministerpräsident Mark Rutte genau an diesem Tag einige Lockerungen verspricht. „Wir befinden uns in einer Phase, in der wir bereit sein müssen, Risiken einzugehen", so Rutte. Die neuen Vorgaben sind ziemlich ungewöhnlich und interessant zugleich.

Beim Einkaufen gilt: maximal zwei Kunden pro Geschäft oder Etage zur selben Zeit. Jeder Kunde darf sich nur exakt zehn Minuten im Laden aufhalten. Pro Stunde dürfen maximal sechs Kunden bedient werden. Wohl dem, der eine Stoppuhr am Mann hat. Übrigens, Sport ist auch wieder erlaubt. Aber nur für Personen, die maximal 27 Jahre alt sind. Und da beschwere sich noch jemand, dass die Regeln hierzulande kompliziert seien.

5. März 2021 Ein ziemlich menschenunwürdiges Urteil wird in Karlsruhe veröffentlicht. Ein krebskranker Mann aus Bayern hatte beantragt, noch vor seiner Chemotherapie geimpft zu werden. Das abschmetternde Urteil: Der Mann sei für die zweite Impfgruppe vorgesehen und habe „nicht hinreichend nachvollziehbar vorgetragen", warum das Abwarten für ihn ein schwerer Nachteil sei. Armes, bürokratisches Deutschland.
Der Blick über den „großen Teich" zeigt, dass es definitiv auch anders geht. Dort werden im Zoo von San Diego insgesamt neun Affen geimpft. Vier Orang-Utans und fünf Zwergschimpansen sind nun besser geschützt als der krebskranke Herr in Bayern.

13. März 2021 Auf dem Markt- und Messegelände der Start Bremervörde erhalten rund 480 Seniorinnen und Senioren die Impfung – in ihrem Auto. Auf dem Beifahrersitz Platz nehmend, gibt es nach der Registrierung ein Arztgespräch, dann die Spritze und im Anschluss noch eine 15-minütige Erholungsphase. Wenn Probleme auftreten, soll gehupt werden. Impf to go. Herrlich einfach.

14. März 2021 Regel-Wirrwarr auf Mallorca. Zuerst die Meldung aus spanischer Sicht: Nach einem Regierungsbeschluss dürfen Einheimische ihre „Autonome Gemeinschaft" nur in absoluten Ausnahmefällen verlassen. Verwandtenbesuch oder gar Urlaub in anderen Regionen des Landes sind strengstens untersagt. Währenddessen hebt die Bundesregierung die Reisebeschränkung Richtung Mallorca allerdings auf. Unmittelbar im Anschluss ist bereits der erste Malle-Flieger ausgebucht. Der Flug „EW5788" startet von Hamburg nach Palma de Mallorca, 153 Passagiere sitzen an Bord der Maschine. „Es ist unverständlich, dass sich ein Madrilene in Spanien nicht frei bewegen darf, aber ein Franzose, ein Deutscher oder Belgier einreisen kann", kritisiert Gesundheitsminister Enrique Ruiz Escudero entrüstet – und irgendwie auch berechtigt.

15. März 2021 Eine Wahrscheinlichkeit im niedrigsten Promillebereich sorgt für einen (vorübergehenden) Impfstopp von AstraZeneca-Injektionen. In der EU gibt es 30 Fälle von Thrombosen in Hirnvenen bei fünf Millionen Impfungen, in Deutschland sind es sieben Fälle bei 1,6 Millionen Impfungen. Bedeutet: Eine Wahrscheinlichkeit von 0,0006 beziehungsweise 0,0004 Prozent. Dennoch werden die AstraZeneca-Dosen als Vorsichtsmaßnahme eingelagert. Dafür gibt es einiges an Kritik, denn viele Menschen würden sich gerne impfen lassen – auch mit AstraZeneca –, dürfen aber erstmal nicht.

Corona-Infektionszahlen (17. März 2021, 20 Uhr)
Land = Infektionen I an/mit Corona verstorben
Australien = 29.153 I 909
Bangladesch = 562.752 I 8.608
Brasilien = 11,6 Mio. I 282.127
China = 101.454 I 4.839
Deutschland = 2,6 Mio. I 74.001
Griechenland = 227.247 I 7.252
Großbritannien = 4,2 Mio. I 126.068
Indien = 11,4 Mio. I 159.250
Italien = 3,2 Mio. I 103.432
Kasachstan = 276.663 I 3.196
Niederlande = 1,1 Mio. I 16.297
Österreich = 501.224 I 8.965
Schweden = 732.070 I 13.228
Schweiz = 577.111 I 10.158
Spanien = 3,2 Mio. I 72.565
Südafrika = 1,5 Mio. I 51.560
USA = 29,5 Mio. I 537.284
Weltweit = 121,3 Mio. / 2,6 Mio.

19. März 2021 Nach nur vier Tagen wird der Impfstopp für AstraZeneca wieder aufgehoben. Dr. Klaus Cichutek, Präsident des Paul-Ehrlich-Instituts – für die Impfstoffe zuständig – erklärt, dass der Nutzen einer fortgeführten Impfung höher ist als die Risiken. Keine bei 0,0004 Prozent „Komplikations-Wahrscheinlichkeit" sonderlich gewagte Aussage. Deshalb gilt nun wieder das von Bundeskanzlerin Angela Merkel ausgerufene Motto: „Die Devise lautet: impfen, impfen, impfen!"
Viel weiter sind sie da schon in den USA. Präsident Joe Biden hatte bei seinem Amtsantritt versprochen, nach

100 Tagen insgesamt 100 Millionen Amerikaner geimpft zu haben. Stattdessen jubelt er nun: „Ich bin stolz verkünden zu können, dass wir 58 Tage nach dem Amtsantritt meiner Regierung, mein Ziel erreicht haben."

20. März 2021 Die olympischen (Sommer-)Spiele, das Nationen und Kulturen verbindende Sportereignis schlechthin, finden ohne ausländische Zuschauer statt.

Exkurs: Fan-Aus für Olympia - Das sagen die Sportler

Handballer Marcel Schiller: „Egal, wie es kommt, ich bin da mittlerweile gelassen. Vielleicht auch durch Corona. Denn für mich ist es einfach ein großes Glück, meinen Beruf, den ich so sehr liebe, betreiben zu dürfen. An dieser Stelle bildet sich aber auch der große Wermutstropfen. Meine Mutter und mein Vater leben dafür, mich beim Handball zu sehen und unterstützen zu können. Es ist das größte Event, was man als Sportler haben kann. Dann nicht den eigenen Sohn vor Ort unterstützen zu können, ist schon extrem mies. Dass meine Familie nicht dabei sein kann, tut wirklich weh. Aber körperlich bin ich fitter denn je. Und die nächsten Spiele sind ja schon in drei Jahren."

Tennisspieler Jan-Lennard Struff: „Der Stellenwert von Olympia ist für mich riesengroß. In Rio 2016 war das schon echt eine unglaubliche Erfahrung. Durch die fehlenden internationalen Fans wird uns schon einiges an gigantischer Atmosphäre durch die Lappen gehen.

Besonders beim Tennis waren die Matches bei den vergangenen Austragungen ein Feuerwerk der Unterstützung und guten Laune. Für mich ist es das, was Olympia ausmacht. Dass im Publikum – sofern es überhaupt Publikum geben wird – die Nationenvielfalt fehlt, ist schon extrem sch***. Zumal wir mitbekommen haben, dass unmittelbar nach einem Ausscheiden das Land wieder verlassen werden muss. Wir haben also keine Möglichkeit, uns mit der japanischen Kultur oder den Menschen vor Ort vertraut zu machen."

Diskuswerfer Martin Wierig: „Wir können einfach nur hoffen, dass wenigstens die Einheimischen in die Arenen dürfen. So ganz ohne Zuschauer, das wäre schon ein extrem gruseliges Bild. Andere Großveranstaltungen wie die Handball-EM oder viele Tennisturniere schaffen das vielleicht, es wird viel über sogenannte Bubbles gesprochen. Aber bei Olympia sind 11.000 Sportler am Start. Damit ein solches Großevent für alle risikofrei auf die Beine gestellt werden kann, müssen mächtige Einschränkungen vorgenommen werden. In dem Fall wird eine ganze Menge von dem fehlen, was Olympia eigentlich ausmacht." (Anmerkung: *Wierig verletzt sich kurz vor der Olympia-Saison. Der Riss im Brustmuskel verhindert die Teilnahme an den Spielen.*)

21. März 2021 Dass Corona selbst vor einer Bombenentschärfung keinen Halt macht, zeigt sich in Flensburg. Der Einsatz des Kampfmittelräumdienstes wird abgesagt, Oberbürgermeisterin Simone Lange erklärt den Grund: „Bei der Entscheidung haben wir neben der Inzidenzzahl auch die Zahl der Mutationen sowie die Situation in den Krankenhäusern im Blick, mit denen wir uns eng abstimmen. Alle drei Werte zeigen, dass eine Bombenentschärfung, bei der viele Menschen gemeinsam in Notunterkünften ausharren müssten, in der aktuellen Entwicklung, die sich über das Wochenende leider verschärft hat, nicht zu verantworten ist."

22. März 2021 Es soll zum nächsten Lockdown-Hammer in Deutschland kommen. Die Regierung definiert den 1. und den 3. April 2021 jeweils als „Ruhetag", am 2. April sollen die Geschäfte aber öffnen dürfen. Die Kritik ist riesig, denn was genau können fünf Tage Lockdown – mit einer zwischenzeitlichen Unterbrechung – bitte bewirken?
Bayerns Ministerpräsident Markus Söder sagt unterdessen einen seinerzeit wenig beachteten Satz: „Wir leben jetzt in der wahrscheinlich gefährlichsten Phase der Pandemie überhaupt. Viele unterschätzen die derzeitige Situation. Viele glauben, das sei jetzt der dritte Aufguss von Corona-alt, dabei ist es eine völlig neue Pandemie. Diese dritte Welle ist ganz anders. Corona-neu, also die Mutation, ist viel gefährlicher, ansteckender."

23. März 2021 Lehrer Renée Hilla berichtet vom ersten Tag mit den hochangepriesenen Schnelltests an der Schule: „In einer der fünften Klassen gibt es 15 Kinder. Genau ein Junge hat freiwillig den Test gemacht. Neun Kinder hatten eine ‚Befreiungserklärung' von den Eltern dabei, fünf wollten einfach nicht." Insgesamt verzichten an der Schule 20 Prozent der Schüler auf den Test. Heißt: Bei 100 von 500 Kindern bliebe eine mögliche Infektion unentdeckt. Hilla kann das nicht nachvollziehen: „Da fehlen einem irgendwie die Worte. Ich jedenfalls habe kein Verständnis dafür." (Anmerkung: *Hilla erklärt später, dass sich die Testbereitschaft „nach ein bis zwei Wochen deutlich gebessert hat"*)

Ebenfalls kein Verständnis hat ein belgischer Richter mit Tuur Dierckx. Der Fußball-Profi des KVC Westerlo feierte trotz des Lockdowns Mitte Dezember 2020 mit 14 Gästen bei sich zu Hause eine wilde Party. Seine Anwälte versuchen noch mit folgendem albernen Vorschlag zu schlichten: Ihr Mandant befindet sich in einer „Fußball-Bubble" mit den Teamkollegen und Mitarbeitern und habe es in dieser nicht als Notwendigkeit angesehen, die Kontakte einzuschränken. Dem Unsinn wird kein Recht gegeben, stattdessen erhält Dierckx eine saftige Strafe: Er muss für einen Monat ins Gefängnis.

24. März 2021 Ein Tag, der in die Geschichte der Bundesrepublik eingeht, denn Kanzlerin Angela Merkel sagt unter anderem:

- „Ich bitte alle Bürgerinnen und Bürger um Verzeihung."
- „Mit dem Kopf durch die Wand, gewinnt immer die Wand – das ist meine langjährige Erfahrung."
- „Ich weiß natürlich, dass dieser gesamte Vorgang zusätzliche Verunsicherung ausgelöst hat."

Die Bundeskanzlerin kippt damit die geplante Oster-Ruhe. Hut ab davor, dass endlich auch mal ein Fehler eingestanden wird.

26. März 2021 Wie strapaziert die Nerven mittlerweile auch bei den Entscheidungsträgern sind, lässt Thüringens Ministerpräsident Bodo Ramelow im Interview mit der Welt durchblicken: „Wir Politiker sind doch auch mit den Nerven am Ende. Ich träume nachts davon, was in Krankenhäusern passiert. Oder von Krematorien, wo die Särge sich stapeln. Die Pandemie macht uns alle mürbe. Die einen brüllen mich an, es ist zu viel, die anderen brüllen, es ist zu wenig. Es gibt Leute, die mir schreiben, dass ich ein Mörder sei. Ich hatte Demonstranten vor meinem Wohnhaus, die haben eine Grabkerze hinterlassen. Meine Kollegen Kretschmer und Haseloff werden ebenfalls bis nach Hause verfolgt, zuweilen mit Schäferhunden. Wir sind in einem Zustand, in dem Corona die Spaltung der Gesellschaft vorantreibt."

29. März 2021 Woher genau kommt das Virus? Wer hat es übertragen? Und wie konnte das überhaupt passieren? Selbst über ein Jahr nach Ausbruch der Pandemie sind immer noch so viele Fragen unbeantwortet. Deshalb fliegt eine Expertengruppe nach China, um im Auftrag der Weltgesundheitsorganisation den Ursprung des Virus zu ermitteln. Diese bestätigt, dass es „wahrscheinlich bis sehr wahrscheinlich" sei, dass der Erreger von der Fledermaus auf ein anderes Tier übergangen wurde und dann schließlich durch den Verzehr auf einem Wildtiermarkt auf den Menschen. Die Labor-These hingegen wird als „extrem unwahrscheinlich" bezeichnet. Also alles geklärt? Von wegen. Nur kurz darauf wirft der Chef der Weltgesundheitsorganisation, Tedros Adhanom Ghebreyesus, China vor, dass der Expertenkommission nicht genügend Daten zur Verfügung gestellt wurden.

In Australien scheint sich das Leben wieder zu normalisieren. Dort gilt unter anderem Sydney als „No-COVID-Zone". Heißt: Beinahe alle Maßnahmen werden aufgehoben.

- keine Maskenpflicht mehr in den öffentlichen Verkehrsmitteln
- keine Restriktionen für Pubs und Nachtclubs
- keine Höchstteilnehmerzahl mehr für Treffen oder Events jeglicher Art
- volle Zuschauerauslastung in Stadien erlaubt

Exkurs: In Australien darf wieder getanzt werden

Es fühlt sich (beinahe) wie ein normales Leben an. Die Schweizerin Lua Gisler lebt mit ihrem australischen Mann Sam seit 2019 in dessen Heimat Sydney. Genauer gesagt seit Dezember 2019, also unmittelbar vor Ausbruch der Pandemie. Lua erklärt, wie sich die völlig andere, weil strikte Herangehensweise auf der „Insel" angefühlt hat und wie das neue Leben mit Corona so läuft. „Wir hatten uns auf das gute Leben in Australien gefreut. Im April 2020 war es dann aber echt schlimm, auch die Phase im Juli und August 2020 war keine schöne Zeit während des strikten Lockdowns. Die Maßnahmen wurden sehr streng durchgezogen, die Grenzen dichtgemacht. Da hat sich Australien komplett von der Außenwelt abgeschottet. Sobald es auch nur einen Fall gab, wurden mehrere Millionen Menschen direkt wieder für einige Tage in den Lockdown gesteckt. Trotzdem hat es sich in der Zwischenzeit vermutlich nicht so schlimm wie in Europa angefühlt, weil wir ein – der Pandemie entsprechend – halbwegs normales Leben führen konnten. Das war unser großes Glück. Wir müssen uns zwar überall mit einer speziellen Corona-App einchecken, aber das ist das geringste Problem. Wir waren bei einem Konzert, bei dem die maximale Kapazität 50 Personen betrug. Wir standen unmittelbar vor der Bühne, neben uns natürlich auch noch andere Konzertbesucher. Es war schon irgendwie ungewöhnlich, die plötzliche Enge war ungewohnt. Auch die anderen Menschen haben sich ein wenig anders als sonst verhalten. Es fühlt sich eben trotzdem noch merkwürdig an – Nicht so wirklich frei, jeder braucht seinen eigenen Raum. Dennoch ist dieses Gefühl von Freiheit schon sehr speziell und ein großes Privileg."

31. März 2021 Die Liga der Menschenrechte – ja, so etwas gibt es wirklich – hat in Belgien geklagt, dass die Maßnahmen zur Eindämmung des Coronavirus wegen unzureichender Rechtsgrundlage zurückgenommen werden müssen. Und tatsächlich, das Gericht in Brüssel entscheidet, dass dies innerhalb der kommenden 30 Tage geschehen muss. Für jeden Tag, an dem es nicht umgesetzt wird, werden 5000 Euro Strafe fällig. Zu jenem Zeitpunkt herrschen in Belgien eigentlich harte Regeln: Es darf sich nur mit einer Person fernab des eigenen Haushalts getroffen werden, im Freien können sich maximal vier Personen treffen – alle mit Maske. Restaurants, Bars, Cafés sind seit Monaten geschlossen, es gilt eine landesweite Ausgangssperre. Ohne triftigen Grund darf niemand ein- oder ausreisen. Und jetzt kommt dieses überraschende Urteil …

1. April 2021 Und gleich noch ein Gerichtsentscheid hinterher, der tatsächlich kein April-Scherz sein wird. Der bayerische Verwaltungsgerichtshof entscheidet, dass Schuhgeschäfte zu „unverzichtbaren" Ladengeschäften gehören. Das bedeutet, diese dürfen in Bayern auch bei einer Inzidenz über 100 öffnen.

Währenddessen schrillen die Alarmglocken immer lauter, denn die hochansteckende Mutation B.1.1.7 macht beinahe 90 Prozent der Infektionen aus. Das heißt, „Corona alt" ist gefühlt fast besiegt, gegen „Corona neu" findet sich aber kaum ein Mittel.

3. April 2021 Athletic Bilbao steht innerhalb von zwei Wochen (!) jeweils im Finale des spanischen Fußball-Pokal-Wettbewerbs. Im ersten Spiel um die Copa-del-Rey-Trophäe aus der Saison 2019/20, in der zweiten Partie für den Titel in der aktuellen Spielzeit 2020/21. Corona macht es möglich – letztlich verliert Bilbao aber beide Endspiele und geht leer aus.

In Brasilien geht es hingegen gar nicht kurios zu, sondern dramatisch. Giovane Élber, Ex-Fußball-Profi des FC Bayern, berichtet im Interview mit t-online über die Situation vor Ort: „Die Coronavirus-Situation ist schrecklich. In ganz Brasilien sind die Krankenhäuser überfüllt, auf den Intensivstationen mangelt es an Sauerstoff. Und Ärzte müssen deshalb entscheiden, wer weiterleben darf und wer nicht. Das ist tragisch."

7. April 2021 Miguel Nicolelis, ein angesehener Neuro-Wissenschaftler und Professor an der Duke University in North Carolina, sagt alarmierend: „Es ist wie ein Kernreaktor, der eine Kettenreaktion ausgelöst hat und außer Kontrolle gerät. Es ist ein biologisches Fukushima."

Die Weltgesundheitsorganisation berichtet unterdessen, dass Nordkorea übermittelt habe, es seien insgesamt 23.121 Menschen im Land getestet worden, davon (angeblich) niemand positiv. Eine Angabe, die wegen der durchlässigen Grenze zu China unmöglich erscheint. Doch es kann oder darf halt keiner darüber sprechen, selbst wenn es jemand wollen würde. Mehrere tausend Menschen mit Infektionssymptomen werden einfach in Quarantäne geschickt, ohnehin spärlich vorhandene Touristen verbannt und Diplomaten ausgeflogen.

12. April 2021 Der Tag ist gekommen. Vor exakt einer Woche hatte Großbritanniens Premier Boris Johnson verkündet: „Am Montag, den 12., werde ich selbst zu einem Pub gehen und vorsichtig, aber unwiderruflich ein Bier an meine Lippen führen." Pubs und Restaurants in Großbritannien dürfen ihre Biergärten und Außenbereiche wieder öffnen. Und Johnson kann das Kaltgetränk an seine Lippen führen.

13. April 2021 In Deutschland wird es einheitlich. Einheitlich streng. Der neue Paragraph 28b des Infektionsschutzgesetzes sieht vor, dass es zu einem bundeseinheitlichen Lockdown ab einer Inzidenz von 100 kommt. Das bedeutet: Kontaktbeschränkungen auf Treffen mit nur einer haushaltsfernen Person, Schließungen von Geschäften und Sport- und Kulturstätten sowie eine nächtliche Ausgangssperre von 21 bis 5 Uhr. Nicht einmal mehr das Joggen ist dann erlaubt. Bundeskanzlerin Angela Merkel erklärt: „Alle diese Maßnahmen dienen einem einzigen Ziel: Unser ganzes Land aus dieser Phase der stetig steigenden Infektionszahlen, der sich füllenden Intensivstationen und der bestürzend hohen täglichen Zahl der Corona-Toten herauszuführen." Dabei sieht Merkel erschöpft aus, mitgenommen von all den Entscheidungen während der Pandemie.

Passend zu den Kontaktbeschränkungen läuft ein Passant mit Eimer (!) auf dem Kopf durch Berlin. Bild: Marvin Schreiner

Wie heftig es enden kann, zeigt sich bei Österreichs Gesundheitsminister Rudolf Anschober. Dieser spricht von einer „Überlastung" und erzählt, dass sich die vergangenen 15 Monate wie 15 Jahre angefühlt hätten und er quasi durchgearbeitet habe. Deshalb verkündet Anschober seinen Rücktritt.

14. April 2021 In Indien kommen beim Kumbh-Mela-Fest zehntausende Menschen zusammen, um ein Bad im Ganges zu nehmen. Ein heiliges Ritual der Hindus, das nur alle zwölf Jahre stattfindet und bei dem beinahe folgerichtig keine Abstände eingehalten oder Masken getragen werden. Siddgarth Chakrapani, ein Mitglied des Organisationskomitees, gibt sich entspannt: „Mutter Ganga wird uns vor der Pandemie retten." Von den rund 50.000 durchgeführten Tests fallen über 1000 positiv aus. Die „Spreading-Effekte" erscheinen bei diesen Angaben grenzenlos (Anmerkung: *Anfang Mai 2021 knackt Indien als weltweit erstes Land mehrmals die Marke von 400.000 Neuinfektionen – am Tag!*).

15. April 2021 Rekordzahlen in Großbritannien. Kürzlich durften Pubs und Gaststätten wieder öffnen, der Verkauf von Bier, Wein und Sekt beträgt laut Branchenanalyst CGA satte 113 Prozent mehr als im April 2019. Und das, obwohl einzig die Außengastronomie geöffnet haben darf.

16. April 2021 In deutschen Krankenhäusern herrscht eine „dramatische Lage", wie es Prof. Dr. Gernot Marx beschreibt. Marx ist Präsident der Deutschen Interdisziplinären Vereinigung für Intensiv- und Notfallmedizin und sagt im Podcast „Leben in Zeiten von Corona" des Mannheimer Morgen: „Jeden Zweiten, den wir beatmen müssen, können wir nicht zurück ins Leben bringen. Wir haben keine Zeit mehr, es geht um jeden Tag, es geht schlichtweg um Menschenleben."

Exkurs: Die Intensivmediziner müssen mit dem täglichen Tod leben

„Überall am Patienten kommt es zu Mikroblutungen – im Mundbereich, an den Schleimhäuten, im Bronchialsystem, an den Kathetern, am Hals, Händen, an der Nase. Einfach überall. Es sind teilweise schockierende Anblicke, die nichts mehr mit dem Leben an sich zu tun haben."

Anfangs wurde ihnen von Balkonen applaudiert, wahlweise um 17, 18, 20 oder 21 Uhr. Aber immer mit demselben Zweck: Den Ärzten und Pflegern der Intensivstationen sollte gedankt werden für ihre aufopferungsvolle und unermüdliche Arbeit im Kampf gegen das heftig grassierende Virus. Das war im März 2020.

Mittlerweile ist der Applaus verhallt. Stattdessen müssen sich genau jene Ärzte und Pfleger immer häufiger anhören, dass sie künstlich Angst schüren würden. Ihre Warnungen vor einer Überlastung der Intensivbetten seien überzogen.

Es sind Vorwürfe von Nichtswissenden. Von Personen, die sich während der kompletten Pandemie nicht ein einziges Mal ein Bild davon gemacht haben, was wirklich auf diesen lebensrettenden Stationen passiert. Das gilt vor allem in den „Level-1-Zentren", wo die schlimmsten aller Fälle eingeliefert werden, denen auf „normalen" Intensivstationen nicht mehr geholfen werden kann. Ein solches Zentrum gibt es an der Charité in Berlin. Dr. Viktor Wegener leitet als Oberarzt eine dieser Intensivstationen mit 31 Betten für Schwerkranke. Wegener, seit 14 Jahren Arzt und seit zehn Jahren an der

Charité tätig, berichtet von den Erfahrungen vor Ort: „Wir haben massive Intensivkapazitäten aufgebaut. Die 31 Betten auf der Station sind ausschließlich für Corona-Patienten vorgesehen. Dabei handelt es sich um Personen, die aus anderen Krankenhäusern zugewiesen werden, weil ihnen dort nicht mehr geholfen werden kann. Im November 2020 haben wir auf unserer Station angefangen. Und ganz ehrlich? Berlin ist rund um den Jahreswechsel und am ersten Wochenende 2021 haarscharf an einer Katastrophe vorbeigeschrammt."

Die Intensivstationen waren zu dieser Zeit am Rande der Auslastung, was einen erhöhten Pflege(r)bedarf nach sich zog. Wegener erklärt: „Wir haben die Kapazitäten immer weiter ausgebaut, beziehungsweise ausbauen müssen, aber irgendwann gibt es kein Personal mehr. Beatmungsgeräte, Medikamente – all das stellt kein Problem dar. Nur haben wir nicht genügend Personal, das die Geräte bedienen kann. Dabei handelt es sich nämlich um teils sehr komplexe Vorgänge." Das heißt im Umkehrschluss, noch mehr Arbeit und Druck für diejenigen, die die Maschinen bedienen können.

Wegener erklärt mit Blick auf die täglichen Abläufe auf der Station: „In diesen geht es eben nicht nur um die lebenswichtige medizinische Versorgung der schwer erkrankten Patienten, sondern auch darum, Gespräche mit den Familien zu führen. Normalerweise haben wir diese Gespräche im Bereich der postoperativen Behandlung ein- bis zweimal die Woche. Während Corona ist das ganz anders. Da gibt es eine Sprechstunde: Zehn Angehörige müssen in einer Stunde über den Gesundheitszustand ihrer Liebsten informiert werden. Und diese Sprechstunde findet – natürlich – nicht von Angesicht zu Angesicht statt, sondern am Telefon. Wir müssen den Angehörigen dann in aller Regelmäßigkeit erklären, dass es den Patienten schlechter geht, dass sie wahrscheinlich bald versterben werden. Auch für uns ist das eine unangenehme, nie dagewesene Situation, weil es in einer Häufung vorkommt, die sich niemand hätte vorstellen können. Deshalb gibt es psychologische Hilfe für alle Mitarbeiter auf der Station. Auch für uns Ärzte."

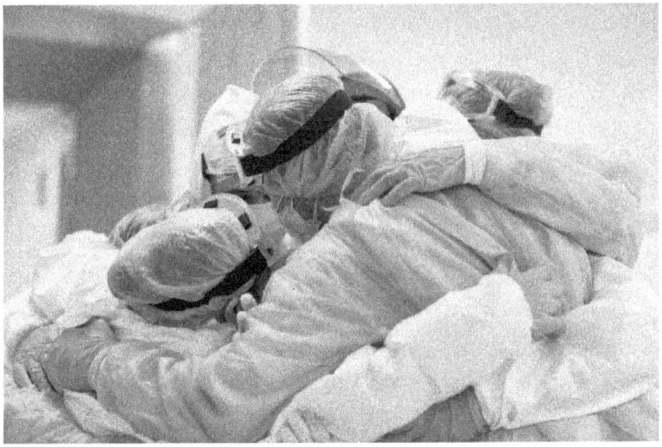

Das Pflegepersonal auf den Intensivstationen behandelt teilweise bis zur totalen Erschöpfung. Bild: FG Trade

In der dritten Welle wird die Situation noch prekärer, da die Intensivpatienten „immer jünger und kränker werden. Es sind eben nicht mehr nur die Ende 50- bis Anfang 90-Jährigen, sondern auch Menschen, die noch viel jünger sind. Und diese Patienten bleiben mehrere Wochen. Da sind 40 bis 50 Tage keine Ausnahme. Durch die Mutante ist die Viruslast einfach zu hoch. Die Menschen sind ansteckender, weil sie mehr von dem Virus produzieren. Und sie leiden viel stärker. Für das Pflegepersonal bedeutet das wiederum, an mehreren Brennpunkten zugleich aktiv zu sein. Da herrscht eine sehr starke Auslastung. Auch mental, denn einige Pfleger sagen sehr offen, dass sie das nicht mehr lange aushalten würden auf diesem Belastungsniveau."

Denn, und das wird mit Blick auf eine Intensivstation schnell mal vergessen: Die Menschen werden dort nicht geheilt, sondern gerettet: „Wir als Intensivmediziner können eigentlich nichts anderes tun, als dem Körper zu helfen, sich zu erholen. Wir übernehmen sozusagen die Organfunktionen. Bei der Beatmung wird zum Beispiel dafür gesorgt, dass die Lunge nicht weiter gedehnt oder beschädigt wird. Man kann sich das vorstellen wie bei einem Ballon, der auch nicht zu voll aufgeblasen werden darf. Aber, und da müssen wir eben ehrlich genug sein – alle in der Intensivmedizin unternommenen Therapien haben Nebenwirkungen. Die dadurch möglicherweise entstehenden Schäden müssen wir in deren Nutzen und gegen das Risiko abwägen."

Auch Dr. Artur Derksen, zu diesem Zeitpunkt Facharzt für Anästhesie und Notfallmediziner am Klinikum Bielefeld, hat den Tod auf der Intensivstation täglich vor Augen. Derksen nimmt kein Blatt vor den Mund und sagt: „Es ist eine reine Katastrophenmedizin, die wir da betreiben. Ein kompletter Ausnahmezustand. Wir haben aus dem Nichts improvisiert und Räume, die sonst nach Operationen als Aufwachräume oder als Lager dienen, umgewandelt und aufgerüstet mit Beatmungsgeräten."

Dabei liegt die Erfolgsquote auch in Westfalen lediglich bei 50 Prozent. Geht es an die Atemschläuche, dann geht es um Leben oder Tod. Derksen macht deutlich: „Wenn die Patienten einmal einen Atemschlauch bekommen, liegt die Überlebensrate bei 50 Prozent. Deswegen versuchen wir mit speziellen Atemmasken und High-Flow-Sauerstofftherapien den Beatmungstubus zu verhindern. Dafür benötigt man allerdings extrem gutes Fachpersonal, denn jeder Fehler wird von dem Virus sofort bestraft. Nur ein Beispiel: Hin und wieder werden beim Reinigen der Geräte kleine elektronische Kabel weggeworfen, obwohl sie unglaublich wichtig sind – für die Akkus, für die Wärmebefeuchtung der Luft und einiges mehr. Dann wiederum gibt es Patienten, die aufgrund eines Durchgangssyndroms aufwachen und gar nicht wissen, wo sie überhaupt sind. Die ziehen sich in Panik reflexartig den Atemschlauch oder andere wichtige Zugänge heraus. In diesen Momenten zählt jede Sekunde, der Patient läuft blau an, hat aufgrund der vorgeschädigten Lunge keinerlei Sauerstoffreserve. Wenn man da nicht sofort wieder intubiert oder den Patienten mit einer assistierenden Maskenbeatmung unterstützt, dann war es das."

Wie schlimm es werden kann, erlebt Derksen teilweise gleich mehrfach am Tag. „Normalerweise schreiben wir vielleicht zwei, drei Totenscheine im Monat. Und während Corona sind es gefühlt in jedem Dienst zwei bis drei Scheine, fast alle wegen COVID-19. Es ist teilweise erschreckend, wie die behandelten Personen nach zwei bis drei Wochen Intensivtherapie aussehen. Das Virus verursacht häufig Gerinnungsstörungen wie Thrombosen oder auch Lungenembolien. Mit Blutverdünner wird diesen Folgen entgegengewirkt. Das wiederum kann verheerende Kollateralschäden nach sich ziehen, denn überall am Patienten kommt es zu Mikroblutungen – im Mundbereich, an den Schleimhäuten, im Bronchialsystem, an den Kathetern, am Hals, Händen, an der Nase. Einfach überall. Es sind teilweise schockierende Anblicke, die nichts mehr mit dem Leben an sich zu tun haben. Wenn dann – nach Wochen der erfolglosen Behandlung – Angehörigen zumindest ein letzter Blick, ‚ein sich Verabschieden' ermöglicht wird, sind es meist schockierende und zutiefst traumatisierende Momente für alle Beteiligten."

Dabei sind es eben nicht mehr nur ältere Menschen, die schlimme Verläufe haben. Derksen erinnert sich genau: „Corona hat wirklich komplett neue Maßstäbe gesetzt in der Medizin. Wenn die Patienten am achten, neunten Tag atemnötig werden, muss es so unglaublich schnell gehen. Wir reden da über Sauerstoffwerte im Blut, die gab es noch nie zuvor. Und das kann auch kein Lehrbuch vermitteln. Wir hatten zum Beispiel einen 32-jährigen Bauarbeiter. Sein Sauerstoffgehalt im Blut war jenseits von Gut und Böse, damit konnte er eigentlich nicht überleben. Er hat mit einer Atemfrequenz von 65 Zügen die Minute versucht, noch ausreichend Luft zu bekommen. Normalerweise atmen wir Erwachsene mit zwölf bis 14 Atemzügen pro Minute. Zum Vergleich: Im Hochleistungssport sind kurzzeitig (!) 40 bis 60 Atemzüge die Minute möglich, bei maximaler Anstrengung und nur für kurze Dauer. Bei diesem jungen Mann war aber – den CT-Aufnahmen nach zu urteilen – nur noch ein Drittel einer gesunden Lunge übrig. Er versuchte also mit seiner viel zu hohen Atemfrequenz nicht zu ersticken. Sowas glaubt einem niemand, wenn man es nicht selbst gesehen hat. In solch einem Fall muss sofort gehandelt werden. Die umgehende Intubation oder sogar ein Luft-röhrenschnitt erfolgen, teils versehen mit schweren Komplikationen in solchen Notfallsituationen. Es zeigt sich dann das Vollbild eines Lungenversagens. Die Lunge hat quasi ihre Arbeit eingestellt und die Maschine muss übernehmen. In den allermeisten Fällen bleibt es aber nicht dabei, es folgen Niere, Herz, Leber und Darm. Es ist ein Multi-Organ-Versagen, das dem Patienten zusätzlich seine Lebenschancen raubt."

Und trotz all dieser schlimmen Krankheitsverläufe und der sterbenden Patienten sind sowohl Artur Derksen als auch Viktor Wegener für die Zukunft guter Dinge. „Wenn in Deutschland ein Großteil der Menschen geimpft ist, wird das Coronavirus ähnlich wie diverse Influenza sein", so Derksen. Sein Arzt-Kollege Wegener ist ähnlich optimistisch: „Es hängt unmittelbar mit den Impfungen zusammen. Mittelfristig werden wir die Sterblichkeit deutlich drücken. Langfristig wird COVID-19 zwar bleiben und ähnlich wie die Grippe zirkulieren, aber mit immer wieder angepassten Impfstoffen und regelmäßigen Impfungen werden wir lernen, damit zu leben." Wenn diese Prognose genauso eintrifft, dann darf auch bitte wieder applaudiert werden.

17. April 2021 Jubel aufgrund von Corona gibt es definitiv selten. In Simbabwe dürfen sich allerdings knapp 3000 Gefängnisinsassen freuen. Präsident Emmerson Mnangagwa verschafft ihnen die Amnestie, da die Haftanstalten bereits deutlich überfüllt sind und damit große Gefahr für einen riesigen Corona-Ausbruch darstellen.

19. April 2021 Schließungen sind hingegen in Deutschland das vorherrschende Thema. Nun gibt es einen neuen Grenzwert für Schulen – Eine Inzidenz von 165, die sehr willkürlich erscheint. Udo Beckmann, Bundesvorsitzender des Verbandes Bildung und Erziehung, kritisiert: „Einen Wert von 165 ohne nähere Begründung festzulegen, erweckt den Eindruck von Würfeln auf hohem Niveau."

20. April 2021 Eine (weitere) interessante Studie gibt es aus Großbritannien zu vermelden. Nachdem dort bereits in einer anderen Studie 90 Probanden mit dem Virus infiziert wurden, werden nun junge Menschen nach überstandener Corona-Infektion erneut mit COVID-19 angesteckt. Als Ziel gilt es, herauszufinden, welche Virusmenge für eine erneute Infektion verantwortlich ist, wie das Immunsystem darauf reagiert und was dies wiederum für die Bildung einer Immunität bedeuten könnte. Für jeden Teilnehmer zwischen 18 und 30 Jahren gibt es eine Aufwandsentschädigung von 5.000 Pfund (Anmerkung: *Beim damaligen Kurs sind das 5.770 Euro*).

22. April 2021 Corona ist weiter in vollem Gange, das Auftreten großflächiger Influenza bleibt hingegen komplett aus. Laut des RKI verzeichneten die Labore nur 624 Grippefälle im ersten Corona-Winter. „Es hat in dieser Saison überhaupt keine Grippewelle gegeben", so eine Sprecherin des Instituts. Dies sei ein Novum seit Beginn der Grippeüberwachung durch die 1992 gegründete Arbeitsgemeinschaft Influenza. Die Begründung dafür liegt in den Corona-Maßnahmen. Mindestabstände, Masken, das Lüften von Räumen, Homeoffice-Regelungen und mehrwöchige Schulschließungen verhindern die Verbreitung der Grippeviren.

24. April 2021 Ein 40-jähriger Mallorquiner wird wegen schwerer Körperverletzung festgenommen, da er nachweislich mindestens 22 Menschen infiziert hat. Arbeitskollegen berichten der Polizei, dass der Mann mit über 40 Grad Fieber und weiteren Symptomen am Arbeitsplatz geblieben sei. Er habe absichtlich seine Maske runtergezogen, gehustet und gesagt: „Ich werde euch alle mit Corona anstecken." Gesagt, getan.

26. April 2021 In Kasachstan wird auf einen eigenen Impfstoff gesetzt. 50.000 Dosen gibt es vom QazCOVID. Gesundheitsminister Alexej Zoj bekommt eine der ersten Injektionen und sagt (natürlich): „Ich fühle mich gut." Das Kuriose daran ist: Die abschließende klinische Studie wurde noch nicht einmal beendet.
Die Doppel-Maske kommt hingegen in Peru zum Einsatz. Dort müssen die Bürger beim Einkaufen tatsächlich zwei Masken übereinander stülpen. Ebenso gilt die Pflicht auch für Menschenansammlungen auf Märkten.

Und zusätzlich zu den beiden Masken soll auch noch ein durchsichtiges Visier aufgesetzt werden. Nächste Station: das Ganzkörper-Kondom …

27. April 2021: Apropos Kondom. Für den Lacher des Tages sorgt eine Frau in der Oberpfalz. Wie die Polizei Amberg mitteilt, gibt die Passantin unumwunden zu, sie habe „Matratzensport" (Anmerkung: *Damit ist Geschlechtsverkehr gemeint*) getrieben und sei deshalb nach Eintreten der Ausgangssperre noch unterwegs gewesen.

29. April 2021 Der türkische Machtinhaber Recep Tayyip Erdogan schickt seine Landsleute in einen dreiwöchigen harten Lockdown, die Menschen dürfen nur aus triftigen Gründen ihr Haus verlassen. Die Vorgaben gelten aber lediglich für Einheimische. Das Skurrile daran ist: Touristen sind davon ausgenommen, können zum Beispiel weiterhin völlig relaxt an den Strand.

30. April 2021 Das Disneyland in Orlando öffnet nach 13 Monaten unter dem Motto „Der Zauber ist zurück" wieder seine Pforten. Zum Vergleich: In 66 Jahren zuvor kam es nur gelegentlich zu vereinzelten Tagesschließungen, zuletzt nach den Terrorangriffen des 11. September 2001. Fortan sind Masken Pflicht und eine Auslastung von 25 Prozent erlaubt.

1. Mai 2021 Ausnahmezustand wegen eines nach über fünf Monaten beendeten Ausnahmezustandes. In Portugal sieht man strahlende Gesichter. Die Sperrstunde, an den Wochenenden ab 13 (!) Uhr gültig, wird für Restaurants, Bars und Kulturstätten auf 22.30 Uhr verschoben.

2. Mai 2021 Im schwedischen Stockholm stehen Fußball-Fans im Fokus, genau genommen: Acht an der Zahl. Denn die Behörden lassen exakt acht Zuschauer für das Spiel zwischen AIK Stockholm und IF Elfsborg zu. Eine Frechheit aus Sicht der AIK-Anhänger, die als Retourkutsche kurzerhand ein Einkaufszentrum fest in ihre Hand nehmen. Sie ziehen Banner auf, trommeln und feiern, als wären sie im Stadion. Ob „ihre" Profis das mitbekommen, ist nicht überliefert. Aber Stockholm gewinnt das Spiel mit 1:0.

Walter Lindner, deutscher Botschafter in Indien, berichtet im ZDF über die Lage vor Ort: „Die Leute ersticken zum Teil in den Autos, weil sie von einem Krankenhaus zum nächsten fahren. Die ersticken in der Wartereihe, während sie auf Sauerstoff warten. Das ist alles zutiefst schrecklich, was wir draußen erleben."

Exkurs: Indien versinkt in der Virus-Tragödie

*„Wenn du arm bist, dann bist du am Ar***.“*

Die Bilder, die in den Nachrichten und sozialen Medien kursieren, sind erschütternd. Menschen, die vor Krankenhäusern in ewig langen Schlangen auf eine Dosis Sauerstoff warten. Menschen, die vor Schmerz gekrümmt auf dem Boden liegen. Menschen, denen nicht geholfen werden kann. Indien scheint in dieser Zeit dem Virus komplett ausgeliefert, gleich mehrfach wird Anfang Mai 2021 die Grenze von 400.000 Neuinfektionen am Tag geknackt. Am 18. Mai 2021 werden dann unglaubliche 4.529 Corona-Tote an einem Tag gemeldet. Nikhil Kakkar lebt in Delhi und erklärt: „Die soziale Diskrepanz zwischen den Gesellschaftsklassen ist riesig. Die Ärmeren hocken mit vielen Menschen auf engem Raum. Wenn das Virus einmal dort ist, lassen sich gewaltige Ausbrüche nicht verhindern. Jeder kennt jemanden, der Corona hat.“

Hinzu kommt die Unterversorgung durch das Gesundheitssystem. Kakkar legt den Finger in die Wunder: „Wenn du arm bist, dann bist du am Ar***. Ein Beispiel: Als die Menschen gemerkt haben, dass der Sauerstoff in Flaschen ausgeht, haben sie ihn in den eigenen vier Wänden gelagert. In die Krankenhäuser gehen die meisten erst gar nicht, denn die Versorgung dort ist sehr schlecht und kann häufig gar nicht gewährleistet werden.“ Währenddessen explodieren auf dem Schwarzmarkt die Preise für Sauerstoffkonzentratoren. Die Kurse für den Sauerstoff aus Flaschen liegen mindestens dreimal so hoch wie üblich. „Meist aber noch viel höher", erklärt Nikhil. „Die Grenzen sind nach oben offen. Gibt es nur noch zehn Flaschen, dafür aber 100 Interessenten, kann der Wert vielfach höher sein."

Und die Regierung? Sie kümmert sich lieber darum, dass großflächig Informationen rund um das Virus gelöscht werden. Erst wird bei Twitter angeklopft, dann bei Facebook. Die Plattformen sollen gefälligst regierungskritische Mitteilungen ändern, zum Beispiel die Bezeichnung der aktuellen Mutation als „indische Variante". Statt sich also um die Gesundheit der eigenen Bürger zu kümmern, wird Wert darauf gelegt, dass eine Bezeichnung abgeändert wird. Wie weit die Konsequenzen dabei reichen können, hat Kakkar unmittelbar mitbekommen: „Personen, die sich bei Social Media kritisch gegenüber der Regierung äußern, wird einfach der Ausweis weggenommen, teils sogar ihre Karriere zerstört. Und warum? Weil sie die Wahrheit aussprechen."

Kakkars Bruder beispielsweise hat drei Schulfreunde – alle Anfang 30 und teils junge Familienväter – verloren, sie alle starben an Corona. Dennoch sind die Proteste im Land immer noch handzahm, wie Nikhils Frau Alexandra Bärenfeldt analysiert: „In Deutschland, da gehen die Corona-Leugner auf die Straße und liefern sich teilweise heftige Auseinandersetzungen mit der Polizei. In Indien würden sich die Leute so etwas nicht trauen. Hier gehen sie aufs Dach und machen ein spirituelles Lagerfeuer, um das Virus zu vertreiben."

5. Mai 2021 Die USA fordern eine Aussetzung des Patentschutzes für die Impfstoffe. Die US-Handelsbeauftragte Katherine Tai beschreibt die Intention des Vorschlags: „ (…) um die Pandemie zu beenden." WHO-Direktor Tedros Adhanom Ghebreyesus feiert die Idee als „historische Entscheidung". Der Schritt stelle „das Wohlergehen aller Menschen in einer schwierigen Zeit in den Vordergrund". Kritiker hingegen zweifeln daran, dass in allen Ländern verantwortungsbewusst mit einer Patent-Freigabe umgegangen werden würde.

6. Mai 2021 In Deutschland wird die Priorisierung von Altersgruppen für den Impfstoff von AstraZeneca aufgehoben. Daraus folgt, dass sich alle Interessenten fortan mit diesem Mittel impfen lassen dürfen.

8. Mai 2021 Bundeskanzlerin Angela Merkel sagt: „Wir scheinen auch die dritte Welle gebrochen zu haben."

9. Mai 2021 Deshalb treten fortan wieder mehr Freiheiten in Kraft, zumindest für vollständig Geimpfte und von einer Corona-Erkrankung Genesene. Bundesjustizministerin Christine Lambrecht erklärt: „Wer geimpft oder genesen ist, kann sich im privaten Raum ohne Einschränkungen treffen."

10. Mai 2021 „Das ist eine vielversprechende Entwicklung in unserem Kampf gegen das Virus", sagt US-Präsident Joe Biden. Damit gemeint: Die Zulassung des BioNTech/Pfizer -Impfstoffs für Kinder und Jugendliche im Alter von zwölf bis 15 Jahren. Dr. Janet Woodcock, Geschäftsführerin der US-Arzneimittelbehörde, findet ähnliche Worte: „Der heutige Schritt erlaubt es einer jüngeren Bevölkerung, gegen COVID-19 geschützt zu sein, was uns einer Rückkehr zu einem Gefühl der Normalität und einem Ende der Pandemie näher bringt."

In Nordrhein-Westfalen gibt es in dieser Zeit eine große Neuerung, was die Tests angeht. Abermals stehen die Kinder im Mittelpunkt, denn von nun an gibt es „Lolli-Tests" an Grund- und Förderschulen. Schulministerin Yvonne Gebauer erklärt: „Sie sind kindgerechter und einfacher zu handhaben." Die Kinder sollen zweimal in der Woche für 30 Sekunden an einem Abstrich-Tupfer lutschen.

12. Mai 2021 108 Prozent. So hoch liegt die Impfquote auf der Pazifik-Insel Nauru. Die Regierung schreibt: „Die Corona-Taskforce freut sich über diesen Weltrekord und dankt allen Einwohnern für ihren Beitrag, Nauru frei von Corona zu halten." Alle 7392 Erwachsenen haben innerhalb eines Monats eine Impfung bekommen. Da auch Ausländer vor Ort mit dem Impfstoff versorgt werden, liegt die Quote sogar über 100 Prozent.

13. Mai 2021 Im US-Bundesstaat Ohio können Bürger dank einer Impfung zu Millionären werden. Mit der Erstinjektion nimmt jede Person an einer Impflotterie teil. Mike DeWine, Gouverneur des Bundesstaates, gibt via Twitter bekannt: „Der Gewinner an jedem Mittwoch wird eine Million Dollar bekommen."

14. Mai 2021 Die „Corona-SMS" sind in Griechenland passé. Die Griechen dürfen ihr Haus wieder verlassen, ohne bei der Regierung um Erlaubnis zu bitten.

16. Mai 2021 Eine Mut machende Studie wird in Italien veröffentlicht. Es ist eine Auswertung mit Daten von 13,7 Millionen Geimpften – und damit ein wirklich aussagekräftiger Beweis dafür, dass die Impfungen funktionieren. Wie das Nationale Institut für Gesundheit feststellt, gibt es 35 Tage nach der Erstimpfung 80 Prozent weniger Neuansteckungen mit dem Virus. Die Zahl der Krankenhauseinweisungen geht um 90 Prozent zurück, die der Todesfälle um 95 Prozent. Die Statistiken gelten für alle Altersgruppen beider Geschlechter und die drei Impfstoffe BioNTech/Pfizer, Moderna sowie Astra-Zeneca.

17. Mai 2021 Große Freude in Großbritannien. Der Grund: Freunde und Verwandte dürfen sich offiziell wieder umarmen und küssen.

Viele Wochen und Monate waren besonders ältere Menschen von der Außenwelt isoliert. Bild: xavierarnau

19. Mai 2021 In Deutschland werden die Patienten auf den Intensivstationen weniger. Zum Glück. Deshalb kann in der Berliner Charité das Level-1-Zentrum schließen. Oberarzt Viktor Wegener sagt: „Die Lage entspannt sich immer weiter, sodass meine Station heute geschlossen wird. Ich hoffe für immer. Ich gehe zurück auf meine alte ‚No-COVID-Station' und kann es kaum glauben, dass es soweit ist. Aber es wird auch endlich Zeit, denn die Kraft ist nach sechs Monaten am Ende. Ich hätte gedacht, erleichtert oder euphorisch zu sein, stattdessen ist es einfach die pure Erschöpfung."

21. Mai 2021 In den USA soll zukünftig noch sicherer „getindert" werden. Insgesamt neun Dating-Plattformen wollen Anreize für Geimpfte schaffen. Es kann in Zukunft gezielt nach Personen gesucht werden, die geimpft sind. Sicheres Dating in Corona-Zeiten – eine clevere und gesunde Innovation.

22. Mai 2021 Eine Verantwortung, die Brasiliens Präsident Jair Bolsonaro über all die Zeit hat vermissen lassen. Das könnte nun böse für ihn enden, denn es startet eine Untersuchung gegen die Regierung wegen des (schlechten) Umgangs mit dem Virus. Untersuchungsleiter Renan Calheiros sagt: „Der Präsident leugnete zuerst die Krankheit, nannte sie eine Grippe und argumentierte dann gegen soziale Isolation und Abriegelung. Dann spielte er die Verwendung von Masken herunter und ermutigte die Menschen, sich zu versammeln." Auch die (offiziellen) Zahlen sprechen mit knapp 16 Millionen Corona-Fällen und 450.000 Toten definitiv nicht für einen angemessenen Umgang mit der Pandemie. Und was macht der Präsident? Er nimmt an einer Motorradrundfahrt teil und lässt sich von der großen Masse feiern – Arme in die Höhe, ein verschmitztes Lächeln auf dem Gesicht, viele Hunderte Menschen um sich herum, keine Maske auf …

24. Mai 2021 Während die Menschen landesweit mit den schlimmen Folgen der Pandemie zu kämpfen haben, zelebriert ein Brautpaar in Indien ziemlich ungewöhnlich seine Hochzeit. Die Verliebten mieten einen Flieger der Billigfluggesellschaft SpiceJet und feiern mit mehr als 100 Gästen an Bord der Maschine, natürlich ohne Masken oder Abständen zwischen den Beteiligten. Stattdessen wird noch ein Video zur Dokumentation der Feierlichkeit aufgenommen und in den sozialen Medien verbreitet. Die Zivilluftfahrtbehörde leitet daraufhin Ermittlungen gegen das rücksichtslose Verhalten ein.

26. Mai 2021 YouTube macht ernst. Erst gibt es eine Abmahnung für den Kanal „Querdenken 711" sowie eine vorübergehende Sperrung, dann wird die Plattform komplett gelöscht und verliert damit knapp 75.000 Abonnenten. Der Grund: Verstoß gegen die „Richtlinien für Fehlinformationen".

27. Mai 2021 Unter allen 12- bis 17-Jährigen, die sich im Bundesstaat New York impfen lassen, sollen insgesamt 50 komplett kostenfreie Studienplätze verlost werden. Keine Studiengebühren, eine gestellte Unterkunft und Verpflegung – das bedeutet eine Ersparnis von mehreren zehntausend Dollar.
Auch in Ohio gibt es solche „Impf-Lotterien" (Anmerkung: *siehe 13. Mai 2021*). Abbigail Bugenske wird zur ersten „Corona-Impf-Millionärin" gekürt.

30. Mai 2021 Der Veranstalter eines Rockkonzerts in St. Petersburg (Florida) plant groß Kasse zu machen. Geimpfte zahlen 18 US-Dollar, ungeimpfte Rock-Fans müssen dafür 1000 (!) Dollar berappen. Die Erklärung der Organisatoren des „Teenage Bottlerocket"-Konzerts: „Falls jemand ungeimpft kommen will, wird er viele Gäste abschrecken und muss die Differenz zahlen."

31. Mai 2021 Die britische, südafrikanische oder indische Variante sind ab jetzt Geschichte. Um Diskriminierungen von Menschen aus den „Virus-Herkunftsländern" zu vermeiden, erhalten die Mutationen in Zukunft Buchstaben aus dem griechischen Alphabet: Alpha, Beta, Delta und Gamma.

1. Juni 2021 Restaurants, die ihre Innenräume wieder öffnen dürfen, Wegfallen von Testpflichten, Aufheben der Kontaktverbote – in beinahe allen deutschen Bundesländern kommt es zu großflächigen Lockerungen. Sachsen-Anhalts Ministerpräsident Reiner Haseloff sagt dazu: „Die Zahlen rechtfertigen das. Wir gehen einen großen Schritt zurück in die Normalität."

3. Juni 2021 Schwedens Sonderweg im Umgang mit der Pandemie stößt immer mehr auf Gegenwind aus den eigenen Reihen. Ein Kontrollkomitee des Reichstages wirft der Regierung zahlreiche Fehlentscheidungen vor. Die Vorsitzende des Komitees, Karin Enström, urteilt: „Der Ausschuss ist der Ansicht, dass der Umgang der Regierung mit der Pandemie mangelhaft war."
Mit mehr Weitblick wird beim Online-Modehändler Zalando agiert. Dort bekommen alle Angestellten für

die erste Woche im August 2021 eine „kollektive Pause"
geschenkt, wie Personalchefin Astrid Arndt mitteilt. Damit sollen die „Leistungen und die Herausforderungen"
der vergangenen Monate anerkannt und „Kraft und
Energie" getankt werden.

Corona-Infektionszahlen (4. Juni 2021, 20 Uhr)
Land = Infektionen | an/mit Corona verstorben
Australien = 30.150 | 910
Bangladesch = 807.867 | 12.758
Brasilien = 16,8 Mio. | 469.388
China = 103.095 | 4.846
Deutschland = 3,7 Mio. | 89.082
Griechenland = 407.857 | 12.218
Großbritannien = 4,5 Mio. | 128.086
Indien = 28,5 Mio. | 340.702
Italien = 4,2 Mio. | 126.415
Kasachstan = 447.275 | 3.467
Niederlande = 1,6 Mio. | 17.940
Österreich = 646.167 | 10.631
Schweden = 1,0 Mio. | 14.523
Schweiz = 697.292 | 10.831
Spanien = 3,6 Mio. | 80.195
Südafrika = 1,6 Mio. | 56.601
USA = 33,3 Mio. | 596.783
Weltweit = 172,1 Mio. | 3,7 Mio.

5. Juni 2021 Viele Sätze und Kommentare vom britischen Premier Boris Johnson waren während der Pandemie einfach unpassend. Jetzt aber besinnt sich auch
Johnson eines Besseren: „Ich fordere meine Kollegen der
G7-Staaten auf, diese schreckliche Pandemie mit uns zu

beenden und zu versprechen, dass wir die durch das Coronavirus angerichtete Verwüstung nie wieder zulassen werden. Die Weltbevölkerung bis Ende des nächsten Jahres zu impfen, wäre die größte Heldentat der medizinischen Geschichte."

8. Juni 2021 „Joints für Jabs". Im US-Bundesstaat Washington kann sich jeder über 21, der sich in einer Impfklinik impfen lässt, in einem Marihuana-Geschäft einen Joint abholen. Und zwar völlig legal.

11. Juni 2021 Riesenjubel bei den French Open in Paris. Eigentlich herrscht in Frankreich eine Ausgangssperre. Heißt: Um 21 Uhr müssen öffentliche Bereiche und Veranstaltungen geräumt sein. Im Halbfinal-Krimi zwischen Rafael Nadal und Novak Djokovic wird aber über die Außenmikrofone verkündet, dass die Tennis-Fans bis zum Ende des Matches bleiben dürfen. Sie danken dem Präsidenten und skandieren: „Merci, Macron." Um 23.23 Uhr Ortszeit verwandelt Djokovic dann den Matchball zum Sieg.

12. Juni 2021 Alle nach Malle. Wegen riesiger Nachfrage setzt die Lufthansa in Hessen und Bayern auf Langstreckenflugzeuge, mit der Boeing 747-8 sogar auf das größte Objekt der Flotte überhaupt. Exakt 364 Passagiere können damit in Richtung 17. Bundesland geflogen werden. Ein historischer, weil noch nie dagewesener Vorgang.

13. Juni 2021 Nur wenige Stunden vor dem Auftakt der Copa América – dem südamerikanischen Äquivalent zur Fußball-EM – nominiert Venezuela 15 (!) neue Spieler. Der Grund dafür ist ein gewaltiger Virusausbruch im Team. Trainer José Peseiro erklärt: „Wir werden mit elf Spielern antreten, die noch nie zusammen trainiert oder gespielt haben." Venezuela verliert wenig später zum Auftakt mit 0:3 gegen Brasilien.

14. Juni 2021 Die USA bestätigen den offiziell 600.000 Corona-Toten. Damit sind in den Staaten bereits zehnmal so viele Menschen am Virus gestorben, wie mittlerweile-Ex-Präsident Donald Trump am Anfang der Pandemie für möglich gehalten hat.

15. Juni 2021 Beim Fußball-EM-Spiel zwischen Ungarn und Portugal sind 51.000 Zuschauer im Ferenc-Puskás-Stadion. Fast niemand trägt Maske. Prof. Dr. Karl Lauterbach twittert entsetzt: „Diese Bilder zeigen genau das, was die EM vermeiden sollte. Während halb Europa und 95 Prozent der ärmeren Welt noch nicht geimpft sind, verhält man sich so, als ob die Pandemie vorüber wäre. Rücksichtslos und unsportlich."

16. Juni 2021 Gar keinen Grund zum Jubeln haben sie beim Impfstoffhersteller CureVac aus Tübingen. In einer Mitteilung heißt es: „ (…) in dieser Zwischenanalyse erzielte CVnCoV eine vorläufige Wirksamkeit von 47 Prozent gegen eine COVID-19-Erkrankung jeglichen Schweregrades und erreichte damit nicht die vorgegebenen statistischen Erfolgskriterien." Im Anschluss bricht die in den USA gehandelte CureVac-Aktie im nachbörslichen Handel um heftige 40 Prozent ein. Festtagsstimmung herrscht hingegen in New York. Da

70 Prozent der Erwachsenen geimpft sind, wird die (angeblich erreichte) Herdenimmunität und damit das (angebliche) Ende der Pandemie gefeiert. Gouverneur Andrew Coumo jubelt: „Wir können jetzt in das Leben zurückkehren, das wir kennen."

19. Juni 2021 Erstmals seit dem 13. September 2020 ist die Inzidenz in Deutschland mit einem Wert von 9,3 wieder einstellig. Auch von den Intensivstationen gibt es gute Nachrichten, zum ersten Mal seit acht Monaten werden weniger als 1.000 Menschen wegen Corona intensiv behandelt (964). Zum Vergleich: Auf dem Höhepunkt der dritten Welle Ende April 2021 waren es mehr als 5.000 Patienten.

In Brasilien kommt es währenddessen zu massenhaften Protesten mit mehreren hunderttausend Teilnehmern. Aber nicht etwa, wie so häufig zum Beispiel in Deutschland, von Corona-Leugnern, sondern ganz im Gegenteil. Die Protestierenden werfen der brasilianischen Regierung vor, die Pandemie zu verharmlosen und fordern schnelleres Impfen. Zu diesem Zeitpunkt gibt es bereits über eine halbe Million Tote im Land.

Umsichtige Maßnahmen, wie die Desinfektion dieser Eingangstür, sind in Brasilien die Seltenheit. Bild: modovisible

20. Juni 2021 Corona ist schuld, dass die Olympiateilnehmer in Tokio keine Kondome geschenkt bekommen. Dies ist seit 1988 bei Olympischen Spielen so üblich, nun wird es die 160.000 Präservative erst bei Abreise geben. Die Sportler werden stattdessen aufgefordert, „unnötige Formen des physischen Kontaktes" zu vermeiden.

21. Juni 2021 Impfskeptiker haben auf den Philippinen einen besonders schweren Stand, denn Präsident Rodrigo Duterte droht in einer landesweiten Fernsehansprache mit dem Gefängnis: „Suchen Sie es sich aus, entweder Impfung oder ich lasse Sie festnehmen."

28. Juni 2021 Nackt gesonnt, vor einem Hirsch auf der Flucht, dann von der Polizei aufgegriffen – und das alles während der strengen Ausgangssperre in Sydney. Ein

Sonnenanbeter-Duo hielt die Crew von Mick Fuller, Polizeipräsident des Bundesstaates New South Wales, ordentlich auf Trapp. Deswegen wütete Fuller: „Es ist schwierig, Gesetze gegen Idioten zu erlassen." Die Strafe folgt umgehend und beträgt umgerechnet 630 Euro Bußgeld.

B.1.617 – Delta sorgt für viele Fragezeichen (Juli 2021 bis Oktober 2021)

„Es ist fast so, als hätten wir eine neue Pandemie.
Alles, was wir über das Coronavirus zu wissen glaubten,
muss überarbeitet werden."

2. Juli 2021 Der türkische Präsident Tayyip Erdogan will die eigenen Impferfolge feiern, nimmt dafür aber einen selten dämlichen Vergleich zur Hand: „Heute führt England Impfungen für 100 bis 150 Pfund Sterling durch. In Deutschland sind es 100 bis 150 Euro. Wir aber impfen umsonst, bei uns gibt es sowas nicht. Denn wir, liebe Brüder, sind eine Regierung, die dem Volk zurückgibt, was es vom Volk nimmt." Erdogans Vergleich ist frei erfunden, denn auch in Großbritannien sowie Deutschland sind die Impfungen kostenlos.
Apropos Impfungen: Der Oakland Zoo in Kalifornien führt nun auch Corona-Impfungen bei Tigern, Bären, Pumas und Frettchen durch. Kostenlos, versteht sich.

7. Juli 2021 Obwohl das Wort „Coronavirus" in Turkmenistan lange verboten war (Anmerkung: *siehe Meldung vom 1. April 2020*) und Präsident Gurbanguly Berdymuchamedow bis heute felsenfest behauptet, in seinem Land würde es kein COVID-19 geben, wird eine Impflicht für alle Personen ab 18 Jahren eingeführt. Eine Impfung gegen etwas, was es angeblich nicht gibt …

8. Juli 2021 In Tokio wird die Hoffnung auf Olympia vor Publikum hingegen endgültig begraben, stattdessen kommt es zu Geisterspielen. Ein (trauriges) Novum in der Geschichte der Olympischen Spiele. Die „Buch-Protagonisten" Schiller, Struff und Wierig sind sich einig: „Olympia ohne Fans? Da fehlt ein sehr, sehr großes Stück von dem, was Olympia so speziell macht. Das ist eine traurige Nachricht für jeden Olympioniken."

9. Juli 2021 Zum ersten Mal wird vom Impf-Booster gesprochen. Die Hersteller BioNTech/Pfizer teilen mit: „Wie anhand der vom israelischen Gesundheitsministerium erhobenen Daten aus der praktischen Anwendung bereits deutlich wurde, sinkt die Schutzwirkung des Impfstoffs gegenüber Infektionen und symptomatischen Erkrankungen sechs Monate nach der zweiten Impfung." Heißt im Umkehrschluss: „ (…) dass eine dritte Dosis innerhalb von sechs bis zwölf Monaten nach der vollständigen Impfung erforderlich sein wird."

10. Juli 2021 Erst vor zwei Wochen wurden in den Niederlanden nahezu alle Maßnahmen aufgehoben, es durfte sogar wieder gefeiert werden. Jetzt heißt es Rolle rückwärts. Ministerpräsident Mark Rutte mahnt: „Wir müssen die schnelle Verbreitung des Virus abbremsen." Diese Aussage bedeutet das abermalige Aus für das Nachtleben. Später gibt Rutte zu: „Wir hatten ein schlechtes Urteilsvermögen."

11. Juli 2021 In London steigt das Endspiel der Fußball-EM vor exakt 67.173 Fans. Gesundheitsexperte Karl Lauterbach verurteilt die hohen Zuschauerzahlen bei der Fußball-EM: „Die UEFA ist für den Tod von vielen Menschen verantwortlich."

Prof. Dr. Frank Montgomery, Vorsitzender des Weltärztebundes, gibt im ARD-Europamagazin eine düstere Prognose ab: „Wir werden Corona nie wieder los. Wir werden in bestimmten Situationen immer Masken tragen müssen, Hände waschen müssen, Abstand halten und wir werden regelmäßig nachimpfen müssen, wie wir das von der Grippe ja auch kennen."

12. Juli 2021 Griechenland führt eine Impfpflicht für Beschäftigte im Gesundheitssektor und der Altenpflege ein. Zudem dürfen Innenräume der Gastronomie und von Kulturbetrieben ebenfalls nur betreten werden, wenn der jeweilige Gast geimpft ist. Premier Kyriakos Mitsotakis: „Wir werden das Land wegen der Haltung einiger nicht wieder schließen." Auf den Intensivstationen seien laut Mitsotakis „99 Prozent nicht geimpft".

13. Juli 2021 Die südkoreanischen Behörden wollen den „Gangnam Style" – 2012 einer der weltweit beliebtesten Musikhits – verbieten. Der verrückte Grund: aufgrund des Tempos! Der Song hat 132 bpm (beats per minute), die neuen Regeln zum Infektionsschutz lassen beim Gruppentraining allerdings nur noch Musik mit bis zu 120 bpm zu. So soll verhindert werden, dass die Sporttreibenden zu heftig atmen und schwitzen und damit das Virus weiterverbreiten. Ebenfalls in den Maßnahmen enthalten: Die Laufbänder dürfen nicht schneller als 6 km/h sein. User fragen im Netz: „Bekommen wir Knöllchen wegen Tempoverstößen?"

14. Juli 2021 Es wird an der Quarantäne-Zeit gedreht. In Deutschland liegt die Vorgabe zu diesem Zeitpunkt immer noch bei 14 Tagen, Israel verkürzt sie von zehn auf nur noch sieben Tage. Mit einem negativen Test an Tag sieben kann sich freigetestet werden.

22. Juli 2021 In Großbritannien herrscht inzwischen nicht mehr nur die Angst vor der „Pandemic", sondern auch vor der „Pingdemic". In der Woche bis zum 21. Juli wurden exakt 689.313 Menschen „gepingt", also als Kontaktpersonen von Infizierten identifiziert. Deshalb drohen Personalengpässe und leere Supermarktregale. Zukünftig müssen Mitarbeiter der Lebensmittel-Verteilzentren daher nicht mehr nach einem Kontakt mit Corona-Erkrankten in die häusliche Quarantäne, sondern stattdessen tägliche Tests machen. George Eustice, Landwirtschafts- und Umweltminister, erklärt mit klaren Worten: „Wir müssen unsere Lebensmittelversorgung sicherstellen."

23. Juli 2021 Helge Schneider bricht seinen Auftritt beim Strandkorb Open Air in Augsburg ab: „Ich muss sagen, das geht mir ziemlich auf den Sack." Damit gemeint: Provisorische Sicherheitsabstände unter den Zuschauern, die mit der Positionierung der Strandkörbe eingehalten werden sollen. Für dieses Konzept erhielt das Festival gar den Deutschen Tourismuspreis 2020, Helge Schneider gefällt es allerdings gar nicht.

Corona-Infektionszahlen (23. Juli 2021, 20 Uhr)
Land = Infektionen | an/mit Corona verstorben
Australien = 32.589 | 916
Bangladesch = 1,1 Mio. | 18.685
Brasilien = 19,5 Mio. | 547.016

China = 104.489 | 4.848
Deutschland = 3,7 Mio. | 91.505
Griechenland = 469.042 | 12.851
Großbritannien = 5,6 Mio. | 129.266
Indien = 31,2 Mio. | 419.470
Italien = 4,3 Mio. | 127.920
Kasachstan = 575.267 | 5.244
Niederlande = 1,8 Mio. | 18.075
Österreich = 655.197 | 10.730
Schweden = 1,1 Mio. | 14.651
Schweiz = 711.877 | 10.895
Spanien = 4,2 Mio. | 81.194
Südafrika = 2,3 Mio. | 68.625
USA = 34,2 Mio. | 610.177
Weltweit = 192,2 Mio. | 4,1 Mio.

24. Juli 2021 In Israel wurde die Quarantäne vor Kurzem verkürzt, in Polen kann sie hingegen auf bis zu drei Wochen verlängert werden. Damit will die polnische Regierung auf die Delta-Variante und andere Mutationen mit erhöhter Ansteckungsgefahr reagieren.

28. Juli 2021 Deutschland knackt eine wichtige Marke. Es sind 41,8 Millionen Menschen – und damit mehr als 50 Prozent der Bevölkerung – vollständig geimpft.
US-Konzern-Gigant Google verpflichtet seine Mitarbeiter zur Impfung. „Jeder, der zum Arbeiten auf unseren Campus kommt, muss geimpft sein", so Firmenchef Sundar Pichai. Wer das nicht will, hat allerdings noch bis mindestens 18. Oktober 2021 die Chance auf Homeoffice. Kurz danach ziehen Uber und Walt Disney mit der Impfpflicht nach.

Exkurs: Ein innovatives Drei-Standorte-Modell bringt Erfolg

„Der wohl größte Faktor: Bei uns können die Menschen (endlich mal) frei entscheiden."

Homeoffice?
Präsenzpflicht?
50 Prozent Auslastung?

Wie ist es denn nun richtig? „Das eine, für jedes Unternehmen perfekt zutreffende Modell zu finden, ist eigentlich nicht möglich", sagt Alexander Thoss in Bezug auf Corona-Vorgaben in Großunternehmen. Der Ostwestfale ist selbst Inhaber einer der größten deutschen Firmen rund um Haus- und Gartenbedarf. In den Jahren 2020 und 2021 konnte der Umsatz der Home Deluxe GmbH mehr als verdoppelt werden, das Unternehmen wächst und wächst.

„Damit steigt aber auch die Verantwortung für meine mehr als 170 Mitarbeiter, entsprechende Hygienemaßnahmen einzuführen und umzusetzen, die allen gerecht werden. Da ist mir eine spezielle Idee bekommen." Damit meint Thoss ein Drei-Standorte-Modell. „Es gibt so viele unterschiedliche Umgänge mit dem Virus. Die einen nehmen es sehr ernst, die anderen dann wieder etwas weniger. Und meine Aufgabe als Chef ist es nun einmal, ein für alle Mitarbeiter zufriedenstellendes Arbeitsklima zu schaffen."

Alexander Thoss gründete sein Unternehmen im Jahr 2009.
Bild: Home Deluxe

Thoss' innovatives Modell sieht Folgendes vor:

Standort 1 Diejenigen Angestellten, die äußerst vorsichtig agieren und so wenig Kontakte wie möglich haben wollen, können komplett von zu Hause aus arbeiten. Oder bekommen, falls ihre Anwesenheit von Nöten ist, ein Einzelbüro. In einem Gebäudekomplex, der nur zu einem sehr geringen Prozentsatz belegt ist.

Standort 2 Diejenigen, die nicht komplett auf Kollegen und Anwesenheit verzichten wollen, können gelegentlich ins Office kommen. In diesem Gebäudekomplex herrschen bis zu 50 Prozent Auslastung.

Standort 3 Und alle, die sich nicht vor Kontakten scheuen, gehen „normal" ihrer Arbeit nach. „Natürlich immer unter Berücksichtigung der vorherrschenden Maßnahmen", erklärt Thoss.

Trotz der rasant zunehmenden Auftragslage muss Thoss so aus zweierlei Gründen kaum bis gar nicht auf seine Angestellten verzichten. „Der wohl größte Faktor bei diesen Modellen ist, dass die Menschen bei uns (endlich mal) frei entscheiden können. Kein Zwang, keine strikten Vorgaben, sondern ein auf jedes Individuum angepasstes Modell." Und „beinahe genauso wichtig" aus der Sicht des Unternehmers ist: „Wir konnten und können auch in der Zukunft mögliche Infektionsherde schnell ausmachen. Deshalb ist es nie zu einem größeren Virusausbruch gekommen."
Dank des innovativen Drei-Standorte-Modells, das durchaus seine Nachahmer verdient hätte.

29. Juli 2021 In Sydney wird zur Überwachung des Lockdowns das Militär angefordert. Insgesamt 300 Soldaten sollen die Polizei unterstützen. Von nun an dürfen über zwei Millionen Einwohner lediglich in einem Umkreis von fünf Kilometern ihre Häuser verlassen. Die Inzidenz in Down Under liegt zu dieser Zeit unter 10!

30. Juli 2021 Als erstes Land weltweit beginnt Israel mit der Auffrischungsimpfung. Die dritte Dosis gibt es zuerst für die über 60-Jährigen, die erste Spritze erhält Präsident Jitzchak Herzog.

1. August 2021 In einem Interview mit der Neuen Osnabrücker Zeitung wird Bundestagspräsident Wolfgang Schäuble, die „Querdenker"-Szene betreffend, deutlich: „Wenn weltweit praktisch alle Fachleute sagen, Corona ist gefährlich und Impfen hilft, wer hat dann eigentlich das Recht zu sagen: Ich bin aber klüger? Das ist für mich ein nahezu unerträgliches Maß an Überheblichkeit." Zudem stellt er den Namen der Bewegung infrage: „Auch bei den Querdenkern sollte die Betonung auf ‚Denken' liegen – und nicht auf ‚Quer'."
Nahezu zeitgleich werden erneute Demonstrationen der genannten Szene in Berlin von Gewalt begleitet. Es gibt über 600 Festnahmen.

4. August 2021 In der Berliner Charité werden die ersten Auffrischungsimpfungen in Deutschland für Beschäftigte im Gesundheitswesen – ab 60 Jahren – angeboten.

5. August 2021 Hersteller Mattel widmet der Astra-Zeneca-Impfstoff-Entwicklerin Sarah Gilbert eine eigene Barbie. Mit langen roten Haaren, einer Brille und schwarzem Hosenanzug. Ganz wie Professorin Gilbert. Diese hofft: „Ich wünsche mir, dass meine Puppe Kinder auf Berufe aufmerksam macht, die sie vorher nicht kannten. Wie Immunologin."

6. August 2021 Zwischen 30 und 40 Jahre alt sein, eine hohe Kaufkraft haben, wie Touristen aussehen: So lauten die Eigenschaften für Interessenten einer ganz speziellen Anzeige auf Ibiza, denn dort werden Privatdetektive als eine Art „Party-Polizei" gesucht. Ihre Aufgabe soll es sein, illegale Corona-Partys ausfindig zu machen und aufzulösen. Dafür seien sogar Initiativbewerbungen aus „mehreren europäischen Ländern" bei ihm eingetroffen, wie der Sprecher der Regierung Ibizas, Armando Tur, offenbart.

9. August 2021 Umgerechnet 113.000 Euro gibt es für Familien in Saudi-Arabien, wenn Angehörige am Coronavirus gestorben sind.

11. August 2021 Löst das „Coronasutra" bald das Kamasutra ab? Klingt beinahe so beim Lesen der Sex-Tipps der thailändischen Regierung. Es werden neun Empfehlungen als Leitlinien beim coronakonformen Geschlechtsverkehr ausgesprochen. Darunter unter anderem: Küsse, Oral- und Analsex sind tabu. Stellungen sollen so gewählt werden, dass sich die Paare nicht dabei ins Gesicht blicken. Und der Körperkontakt dauert doch bitte nur so lange, wie eben nötig.

16. August 2021 Ein Sinneswandel tritt bei der Ständigen Impfkommission ein. Diese empfiehlt – im Gegensatz zu einem Statement vom 10. Juni 2021 – nun doch die Corona-Impfung für Kinder ab zwölf Jahren.

Außerdem gilt von nun an die Inzidenz nicht mehr als alleiniges Entscheidungskriterium bei den Infektionsschutzmaßnahmen. Neben der Inzidenz werden die Impfquote sowie die Auslastung der Intensivbetten hinzugezogen.

18. August 2021 Ein 22-jähriger Italiener wird für sein Tattoo im Internet gefeiert. Warum? Andrea Colonnetta lässt sich den Strichcode seines Corona-Impfpasses tätowieren. Die Begründung des Studenten aus der Reggio Calabria: „Es ist sicherlich etwas Originelles. Ich mag es, anders zu sein."

19. August 2021 Das RKI verkündet offiziell: „ (…) Der Beginn der vierten Welle, die insbesondere durch Infektionen innerhalb der jungen erwachsenen Bevölkerung an Fahrt aufnimmt."

In einer Berliner Schule dürfen Kinder im Augenblick nicht im Klassenraum frühstücken, weil sie dafür die Maske ablegen müssten. Einziger Ort für die wichtige Stärkung zwischendurch ist der Schulhof. Und wenn es regnet? Gibt es wohl kein Essen …

21. August 2021 Viel nützt und schützt viel – denkt sich ein Brasilianer. Der Mann lässt sich fünf Mal binnen weniger Wochen impfen. Zwei Dosen BioNTech/Pfizer, zwei Einheiten Coronavac und einmal AstraZeneca. Erst beim sechsten Versuch wird er ertappt.

29. August 2021 Israel bietet die Auffrischungsimpfung zukünftig für alle Einwohner ab zwölf (!) Jahren an.

30. August 2021 Wie heftig besonders Kinder von der Pandemie betroffen sein können, zeigt sich in Südafrika. Bildungsministerin Angie Motshekga berichtet, dass Schulschließungen die Bildung des Nachwuchses um 20 Jahre zurückgeworfen haben. Oder in weiteren Zahlen: Mindestens 10.000 Kinder hätten die Schule abgebrochen, es sei 50 bis 75 Prozent weniger gelernt sowie gelehrt worden als in normalen Zeiten und 25.000 Kinder seien weniger eingeschult worden.

3. September 2021 Hessen weist die Inzidenz künftig vorerst doppelt aus, für Geimpfte und Ungeimpfte separat. Gesundheitsminister Kai Klose verrät: „Die Differenz ist groß." Tatsächlich beweisen die Zahlen, welch großes Loch zwischen den Gruppierungen klafft. Die Sieben-Tage-Inzidenz vollständig geimpfter Personen liegt bei 12,7 – die Inzidenz der nichtgeimpften Gruppe bei 262,3.

5. September 2021 Verrückte Szenen spielen sich im Fußball-Klassiker zwischen Brasilien und Argentinien ab. Nach nur 260 Sekunden wird das WM-Qualifikationsspiel abgebrochen. Und zwar von der brasilianischen Gesundheitsbehörde, deren Mitarbeiter kurzerhand auf das Spielfeld schreiten und eine „sofortige Quarantäne" für gleich vier Argentinier anordnen wollen. Diese haben sich aus Großbritannien kommend, nicht an die brasilianischen Einreise-Vorschriften gehalten. Stattdessen verschweigt die argentinische Delegation den vorherigen Aufenthalt und reist noch am Abend komplett ab. Ein riesiger Skandal.

6. September 2021 Kuba ist das erste Land weltweit, das Corona-Impfungen für Kleinkinder erlaubt. In der Provinz Cienfuegos beginnen die Impfungen für 2- bis 11-Jährige. Verabreicht werden zwei rein kubanische Mittel (Abdala und Soberana), die von der WHO nicht anerkannt sind.

7. September 2021 Ein 28-jähriger Vietnamese wird zu fünf Jahren Haft verurteilt. Der Mann war aus Ho-Chi-Minh-Stadt in seine Heimat Ca Mau gereist – trotz Infektion! Statt 21 Tagen Isolation mischte er sich unters Volk. Mindestens acht Infektionen können laut Gericht auf ihn zurückgeführt werden, darunter ein Todesfall.

9. September 2021 Eine ziemlich spezielle Impfpflicht wird in Los Angeles verhängt. Nicht etwa für Erwachsene zum Beispiel in Gesundheitsberufen, sondern für Kinder und Jugendliche! Alle Schüler ab zwölf Jahren müssen spätestens am 10. Januar 2022 vollständig geimpft sein, um weiterhin am Schulunterricht vor Ort teilnehmen zu dürfen.

10. September 2021 Dänemark wertet das Coronavirus fortan nicht mehr als „gesellschaftskritische Krankheit" und beendet so gut wie alle Maßnahmen. Somit gelten keine Maskenpflicht, kein verpflichtender Corona-Pass sowie keine 3G-Regeln in den gerade erst geöffneten Nachtclubs mehr.

13. September 2021 Bei einer Disco-Nacht in Münster mit knapp 380 Gästen infizieren sich 83 Personen mit dem Virus. Und das, obwohl zum einen das Hygienekonzept des Clubs laut der Stadt Münster „vorbildlich" gewesen sein soll und zum anderen die Party unter 2G-Bedingungen stattfand. Sprich, nur Geimpfte und Genesene feierten mit.

18. September 2021 Eine schreckliche Tat ereignet sich in Idar-Oberstein (Rheinland-Pfalz). Ein 49-jähriger Maskenverweigerer schießt einem 20-jährigen Tankstellen-Kassierer in den Kopf, weil dieser ihn zweimal auf die Maskenpflicht aufmerksam machte. Als Motiv gibt der Täter später an, dass ihn die Situation der Corona-Pandemie stark belaste, er sich in die Ecke gedrängt fühle und keinen anderen Ausweg gesehen habe, als ein Zeichen zu setzen. Einfach nur krank und fürchterlich sind diese Tat und auch die anschließenden Worte.

21. September 2021 Dass selbst renommierte Impfstoff-Entwickler daneben liegen können, beweist eine Aussage von AstraZeneca-Heldin Sarah Gilbert: „Ich gehe nicht davon aus, dass das Virus so mutiert, dass es sich etwa der Wirkung der Impfstoffe entzieht." Zu diesem Zeitpunkt weiß es noch niemand, aber Omikron soll diese Aussage definitiv widerlegen.

Corona-Infektionszahlen (23. September 2021, 20 Uhr)
Land = Infektionen | an/mit Corona verstorben
Australien = 92.179 | 1.196
Bangladesch = 1,5 Mio. | 27.337
Brasilien = 21,2 Mio. | 592.316

China = 108.126 | 4.848
Deutschland = 4,1 Mio. | 93.252
Griechenland = 641.022 | 14.606
Großbritannien = 7,6 Mio. | 136.143
Indien = 33,5 Mio. | 446.050
Italien = 4,6 Mio. | 130.551
Kasachstan = 944.733 | 15.503
Niederlande = 2,0 Mio. | 18.540
Österreich = 730.403 | 10.943
Schweden = 1,1 Mio. | 14.813
Schweiz = 831.881 | 11.034
Spanien = 4,9 Mio. | 86.185
Südafrika = 2,8 Mio. | 86.655
USA = 42,6 Mio. | 682.468
Weltweit = 230,3 Mio. | 4,7 Mio.

25. September 2021 In Norwegen werden sie beinahe sentimental. Ministerpräsidentin Erna Solberg setzt einen Schlussstrich unter die Corona-Maßnahmen und verkündet: „Es ist 561 Tage her, dass wir die härtesten Maßnahmen in Norwegen in Friedenszeiten eingeführt haben (…) Jetzt ist die Zeit gekommen, zu einem normalen Alltag zurückzukehren."

29. September 2021 Aus der Zauber für das Broadway-Musical „Aladdin" – nach nur einem Tag! Keine 24 Stunden, nachdem die Show nach eineinhalb Jahren Pandemie-Pause wieder aufgeführt werden konnte, muss sie wegen mehrerer Corona-Fälle direkt wieder abgesagt werden. Selbst Genie aus der Wunderlampe kann scheinbar nichts gegen das Virus ausrichten …

3. Oktober 2021 Dass Jürgen Klopp, Trainer des FC Liverpool, ein Mann klarer Worte und durchaus treffender Vergleiche ist, stellt er in einer Medienrunde unter Beweis. Zum Thema Impfverweigerung zieht Klopp einen Vergleich mit Alkohol am Steuer: „Die gesetzlichen Bestimmungen sind nicht dafür da, mich zu schützen, wenn ich zwei Bier trinke und fahren will. Sie sind zum Schutz anderer Menschen, weil ich betrunken bin. Und wir akzeptieren das als ein Gesetz. Ich verstehe nicht, warum das (Anmerkung: *die Impfung*) eine Einschränkung der Freiheit ist. Wenn es so ist, dann ist das Verbot betrunken zu fahren auch eine Freiheitsbeschränkung."

4. Oktober 2021 Die australische Metropole Melbourne ist nun weltweiter Rekord-Lockdown-Halter. Insgesamt kommt die Stadt auf 246 Tage in diesem Modus, löst damit Buenos Aires an der Spitze ab. Zu diesem Zeitpunkt befindet sich Melbourne seit knapp zwei Monaten im Lockdown. Dem sechsten insgesamt!

7. Oktober 2021 Für einen Post bei Facebook, der exakt 16 Minuten online gewesen ist, muss ein 40-Jähriger aus San Antonio (Texas/USA) für 15 Monate ins Gefängnis. Der Inhalt seines Beitrags war so bescheuert wie verrückt zugleich: „Alles abgeleckt" hätte sein mit Corona infizierter Cousin in einem Supermarkt vor Ort. Die Staatsanwaltschaft urteilt: Der Mann habe in zwei Fällen gegen das Gesetz verstoßen, das Falschinformationen im Zusammenhang mit biologischen Waffen untersagt.

8. Oktober 2021 Auf Mallorca darf – nach eineinhalb Jahren Pause – wieder getanzt werden, allerdings nur mit Maske. Und wer nicht tanzt, aber stattdessen am Glas nippt, muss gefälligst dabei sitzen.

11. Oktober 2021 Die kostenlosen Corona-Schnelltests sind in Deutschland ab diesem Tag (kurzzeitig) Geschichte. Bis zu zwölf Euro können die Tests fortan kosten. Kritik wird an der Bundesregierung geübt, denn der Überblick über das Infektionsgeschehen kann so nur unzureichend bis gar nicht gewährleistet werden.

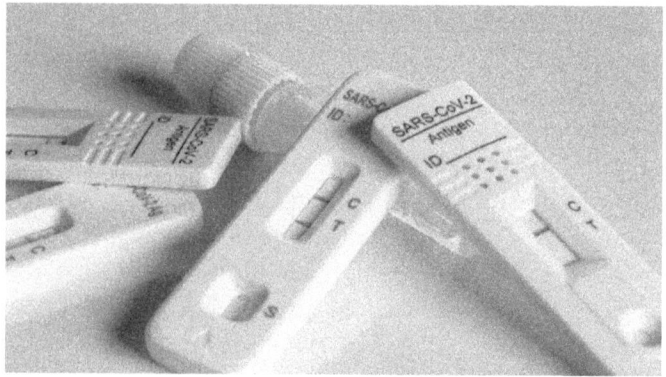

Ist nur ein Strich beim Antigen-Schnelltest sichtbar, gilt die Probe als negativ. Sind es zwei Striche, dann gibt es einen positiven Corona-Befund. Bild: Alexandra Koch

14. Oktober 2021 In Hessen könnte es ungeimpften Personen sogar bald verboten sein, im Supermarkt einzukaufen. Rein theoretisch steht allen Einzelhändlern bis hin zu Supermarkt-Betreibern frei, ob sie die 3G- oder 2G-Regel anwenden. Eine Zugangsbeschränkung, um an Güter des täglichen Bedarfs zu kommen, würde ein neues Level an verschärften Maßnahmen in Deutschland bedeuten.

19. Oktober 2021 „Ich glaube nicht, dass ein ungeimpfter Tennisspieler ein Visum bekommen wird, um in dieses Land einzureisen. Dem Virus ist es egal, was ihr Tennis-Ranking ist oder wie viele Grand Slams sie gewonnen haben. Sie müssen geimpft sein, um sich selbst und andere zu schützen." So gesagt von Daniel Andrews, Premierminister des australischen Bundesstaats Victoria, als Reaktion auf die Einreiseabsicht von Novak Djokovic, der seinen Start bei den kommenden Australian Open wegen der Impfpflicht noch offenlassen will. Worte, die im Januar 2022 für ein unglaubliches Wirrwarr sorgen werden.

22. Oktober 2021 Szenen, die man sich vor Corona nicht hätte ausdenken können. Der Trainer des FC Bayern coacht dort, wo sonst gekocht wird. Julian Nagelsmann hat sich mit dem Virus infiziert und erklärt in der Pressekonferenz aus seiner Küche: „Es sieht aus wie in einem Rechenzentrum. Es ist in der Küche, damit ich einen kurzen Weg zum Tee habe."

27. Oktober 2021 Nach Marktforschungserkenntnissen des Unternehmens Nielsen IQ wird in der „Corona-Zeit" deutlich weniger geduscht. Die Analystin Yvonne Hornung erklärt gegenüber der Deutschen Presse-Agentur den einfachen Grund: „Die Anlässe zum Stylen fielen bei Millionen Menschen einfach weg."

28. Oktober 2021 Die erste Infektion auf dem Inselstaat Tonga – 1800 Kilometer nordöstlich von Neuseeland – sorgt umgehend für einen einwöchigen Lockdown für die rund 106.000 Einwohner. Zugleich gibt es einen förmlichen Ansturm auf die Impfzentren. Das Königreich im Südpazifik gehörte zuvor zu einer Handvoll verbliebender Länder weltweit, die bis dahin vom Virus verschont blieben.

31. Oktober 2021 Turbulente Szenen werden aus Shanghai vermeldet. Dort wird das Disneyland kurzerhand komplett abgeriegelt. Wer das Ferienressort verlassen will, schafft dies nur mit einem negativen Corona-Test. Der Grund: Eine Frau wird wenige Stunden nach ihrem Besuch in einer nahegelegenen Provinz positiv getestet und infolgedessen ein großer Ausbruch befürchtet. Also müssen sich 34.000 (!) Menschen vor Ort testen lassen. Final sind alle negativ. Wohl dem, der eine solch riesige Testkapazität auf Vorrat hat.

Die massive Welle, die Hoffnung macht (November 2021 bis Februar 2022)

„Es markiert einen Moment des Stolzes nach einer der schwierigsten Zeiten in der Geschichte unseres Landes, indem wir beginnen zu lernen, mit COVID zu leben."

1. November 2021 Tränen der Freude in Australien. Exakt 591 Tage war es verboten (Anmerkung: *ab dem 20. März 2020*), jetzt sind wieder Reisen ins Ausland möglich. Zumindest für alle Bürger, die in den Bundesstaaten New South Wales und Victoria leben. Dort sind über 70 Prozent der Bevölkerung zweifach geimpft, was die Bedingung der Regierung für eine Öffnung gewesen ist.

3. November 2021 Die Politiker sind sich ausnahmsweise einig, leider! Denn sie sind es der neuen Wirkung des stark grassierenden Virus wegen. Gesundheitsminister Spahn sagt: „Die vierte Welle ist mit voller Wucht da." Bayerns Ministerpräsident Markus Söder stimmt zu: „Corona ist mit aller Macht zurück." In dessen Bundesland sind schon über 90 Prozent der Intensivbetten belegt, in einigen Regionen die Kapazitäten sogar komplett ausgeschöpft.

5. November 2021 Was hierzulande unvorstellbar wäre, wird in Costa Rica kurzerhand per Gesetz verabschiedet. Die Corona-Impfung gilt von nun an für alle Kinder und Jugendlichen unter 18 Jahren als verpflichtend.

8. November 2021 Nach über eineinhalb Jahren Einreiseverbot dürfen (geimpfte) Europäer wieder über den „großen Teich". Die USA heben ihren „Travel Ban" auf.

9. November 2021 Um noch mehr Personen zum Impfen zu bewegen – oder in diesem Fall besser gesagt zu drängen – gelten Menschen über 65 Jahre in Frankreich zukünftig nur noch als geimpft, wenn sie auch den Booster verabreicht bekommen haben.

11. November 2021 Mehrere Zehntausende feiern in Köln den Karneval, überrennen dabei Einlasskontrollen. Feiern ohne jegliche Abstände und meistens ohne Masken. Eine Woche später verkünden diverse Gesundheitsämter, dass die Kontaktverfolgung in Bezug auf den Karneval völlig aus dem Ruder gelaufen sei und nicht mehr gewährleistet werden könne. Alaaf …

12. November 2021 RKI-Präsident Dr. Lothar Wieler räumt endgültig mit der Mär auf, die in der anfänglichen Zeit der Pandemie regelmäßig ausgerollt wurde: „Das Wort ‚Herdenimmunität' haben wir gestrichen."

14. November 2021 Die kostenpflichtigen Corona-Schnelltests werden nach nur etwas mehr als einem Monat (Anmerkung: *siehe Meldung vom 11. Oktober 2021*) wieder zu kostenlosen Tests. Ein abermaliger Schuss in den Ofen seitens der Politik.

15. November 2021 Für Ungeimpfte kommt es in Deutschland gleich mehrfach zu erheblichen Einschränkungen. In Berlin zum Beispiel gilt in Restaurants, Kinos, Sporthallen, Schwimmbädern, Saunen, Friseur- und Kosmetiksalons oder auch Fitnessstudios die 2G-Regel. Gleiches ist auch an der Universität Erlangen-Nürnberg der Fall. Die Uni-Verantwortlichen lassen mitteilen: „Studierende mit einem Non-2G-Status können nicht an Präsenzveranstaltungen teilnehmen, den Inhalten allerdings online folgen."

In Österreich dürfen ungeimpfte Personen ihre Wohnung gar nur noch für Lebensmitteleinkäufe, die Arbeit oder zur körperlichen Erholung verlassen. Dort sind die Worte der Regierung allerdings drastischer: „Die Maßnahme dient zur Verhinderung eines Zusammenbruchs der medizinischen Versorgung."

16. November 2021 Wie arg es in einigen österreichischen Regionen zugeht, beweist ein neu gegründetes Team aus fünf Medizinern und einer Juristin in Salzburg. Das Sextett soll bei einer drohenden Triage darüber entscheiden, wer noch zu retten ist und wer nicht.

17. November 2021 Die AfD-Fraktion macht mit einer albernen Aktion auf sich aufmerksam. Im nordrhein-westfälischen Landtag gilt die 3G-Regel für den Plenarsaal, weshalb die AfD-Abgeordneten auf der Besuchertribüne Platz nehmen. Ihre Ablehnung zu demonstrieren, statt einen kurzen Abstrich zu machen: unrühmlich!

18. November 2021 Die Hospitalisierungsrate gilt (kurzzeitig …) als der neue, entscheidende Maßstab für Corona-Regeln in Deutschland. Kritik wird laut, denn der Wert ist stark von pünktlichen Meldungen abhängig. Genau dort liegt aber das große Problem: Es gibt kein digitales Meldeverfahren und die Krankenhäuser sind häufig komplett mit der Situation überfordert. Zu diesem Zeitpunkt liegen nur vier Bundesländer unter dem ersten Schwellenwert von 3, Thüringens Wert ist doppelt so hoch (18) wie die höchste Warnstufe (9). Bundeskanzlerin Merkel sagt beim Ministerpräsidenten-Gipfel: „Wir laufen voll."

19. November 2021 Sachsen verschärft den Lockdown! Nächtliche Ausgangssperre für Ungeimpfte ab 22 Uhr, kein Alkoholausschank in der Öffentlichkeit, Beherbergungsverbot für Touristen, Geisterspiele für Profi-Mannschaften.

Exkurs: Profi-Fußball ohne Fans – und ohne Duschmöglichkeit

„Die Fans sind das höchste Gut unseres Sports.
Wir Spieler waren als kleine Jungs selbst im Stadion und
haben mit unseren Idolen mitgefiebert. Das war jetzt lange
überhaupt nicht möglich."

Clemens Fritz, 22-maliger deutscher Fußball-National-spieler und langjähriger Bundesliga-Profi, weiß, wovon er spricht. Fritz lief über ein Jahrzehnt für den SV Werder Bremen in der Bundesliga auf, und besonders im ehemaligen Weserstadion gab es so einige Fan-Spektakel zu erleben.

Damit war während Corona lange Zeit Schluss. Stattdessen gab es Spiele in großen Stadien, aber vor leeren Rängen – etwas noch Anfang 2020 Unvorstellbares, zwischenzeitlich aber traurige Normalität. Fritz gibt einen Einblick in das Innenleben der Fußball-Profis und Verantwortlichen: „Grundsätzlich ist es so, dass man niemanden finden wird, der die Fans nicht vermisst. Jedes Spiel ohne Zuschauer ist etwas, was wir uns so natürlich nicht vorstellen wollen. Auf der anderen Seite können wir aber sehr dankbar dafür sein, überhaupt spielen zu dürfen. Das ist keinesfalls selbstverständlich und muss einfach so festgehalten werden. Für die Entscheidungsträger ist es ein schmaler Grat, aber wir wünschen uns natürlich schon Zuschauer im Stadion, sofern alle Vorsichtsmaßnahmen eingehalten werden können."

Sein Verein, bei dem Fritz Ehrenspielführer ist und mittlerweile im Management arbeitet, ist bekannt für eine ganz spezielle Bindung zum grün-weißen Anhang. Clemens verdeutlicht: „Gerade in Bremen ist die Verbundenheit zwischen dem Verein, den Werder-Fans und der Stadt enorm. Das Verhältnis ist in den vergangenen Jahren noch elektrisierender und enger geworden, daher schmerzt diese lange Abwesenheit der Zuschauer gleich doppelt."

Werder Bremens Torwart Jiří Pavlenka vor der leeren Fankurve. Bild: Peter Balthazaar / SV Werder Bremen

Selbst der Nimbus der verwöhnten Fußball-Stars scheint durch die Pandemie aufgehoben zu sein. Natürlich verdienen die Bundesliga-Fußballer immer noch exorbitant viel Geld für ihren Job, müssen dafür aber auch auf einiges verzichten. Ein „normales" Leben scheint kaum möglich. Fritz dazu: „Für die Spieler heißt es: Training, nach Hause. Training, nach Hause. Training, nach

Hause. Mal ein Spiel, nach Hause. Die Gefahren des Virus lauern überall, deshalb müssen wir penibel darauf achten, so wenige Risiken wie möglich einzugehen." Und damit gehe ein gewichtiger Teil des Mannschaftssports Fußball verloren: „Mal ein Mannschaftsessen veranstalten, oder sich fernab der normalen Termine abends als Truppe zu treffen, das fiel lange Zeit komplett weg. Für den Kopf ist das eine total schwierige Angelegenheit. Es kommt überhaupt nicht zu einer Art mentaler Entspannung, wo man mal für drei, vier Tage abschalten kann. Ein Ausflug an die See oder ein Familienbesuch nach Norderney oder Bayern, das geht ja alles nicht. Einige Spieler haben ihre Familien über ein Jahr lang nicht persönlich treffen können. Aber auch da muss man wieder sagen: Es geht jedem so, egal ob Profi-Fußballer oder dem normalen Angestellten, wir alle müssen mit Einschränkungen leben. Es ist eine Herausforderung für alle."

Auch Fritz' Ex-Mannschaftskollege Lennart Thy kann diese Zeilen nur unterstreichen. Thy ist bekannt dafür, ein besonders umsichtiger Profi zu sein. Er bekam 2018 sogar einen FIFA-Award verliehen. Der damals 26-Jährige leistete eine Stammzellenspende, verpasste dadurch ein Spiel seines Vereins Venlo, rettete aber im Idealfall ein Menschenleben. Der in den Niederlanden in der höchsten Liga spielende Thy muss ebenfalls lange Zeit auf Zuschauer verzichten: „Die Fans sind das höchste Gut unseres Sports. Wir Spieler waren als kleine Jungs selbst im Stadion und haben mit unseren Idolen mitgefiebert. Das war jetzt überhaupt nicht möglich."

Nach mehreren Monaten mit Geisterspielen durften in

den Niederlanden Ende April 2021 wieder wenige Zuschauer ins Stadion. Ein Aspekt, den der zweifache Vater zwiegespalten betrachtet: „Es ist schön und gut für die Menschen, die den Fußball so vermisst haben. Auch für das Spiel selber ist es belebend. Aus gesundheitlicher Sicht und mit Blick auf andere Branchen, die geschlossen bleiben mussten, war es aber schon merkwürdig." Siehe da, genau nach einem (!) Spieltag wurde das Experiment aufgrund hoher Inzidenzen direkt wieder abgebrochen. Einfach irrsinnig und wahnsinnig zugleich.

So ergeht es auch Torwart Björn Bussmann in Spanien. Der Torwart erlebt in der Zwischenzeit einige merkwürdige Geschichten: „Das Verrückteste war, als ich in eine Polizeikontrolle während der Ausgangssperre geraten bin. Wir Spieler hatten eine Ausnahmegenehmigung, um zum Trainingsgelände zu gelangen. Problem: Ich hatte meinen Passierschein nicht dabei und schon mit dem Schlimmsten gerechnet." Eine saftige Strafe wäre für Bussmann möglich gewesen. Stattdessen hörte ein: „Ein Autogramm, bitte!" Björns Reaktion: „Ich musste selber lachen, aber die Polizisten haben mich erkannt und wollten eine Unterschrift von mir haben."

Ansonsten verging dem Drittliga-Keeper aber einige Male das Lachen. Aufgrund der Corona-Umstände war es den Gastmannschaften in Spanien unter anderem lange Zeit untersagt, die Duschen zu benutzen. Der Torwart erinnert sich: „Wir hatten ein Auswärtsspiel in Numancia, die Fahrt dorthin dauert knapp fünf Stunden. Es regnete, der Platz vor mir war eine reine Schlamm-Landschaft und ich durfte im Anschluss nicht duschen. Irgendwie unglaublich."

Aber während Corona halt auch so normal.

20. November 2021 Zehn Stunden vor dem bedeutenden Fußball-Zweitliga-Spitzenspiel zwischen Werder Bremen und Schalke 04 entlässt Werder seinen Trainer. Was das mit diesem Buch und Corona zu tun hat? Eine irre Geschichte!

Bremens Trainer Markus Anfang hatte – höchst illegal – seinen Impfpass gefälscht. Oberstaatsanwalt Frank Passage nimmt gegenüber dem Sport-Informations-Dienst (SID) Stellung: „Die Kassenärztliche Vereinigung Nordrhein, die für das Impfzentrum Köln zuständig ist, hat uns mitgeteilt, dass die Personalien des Herrn Anfang nicht im EDV-System vorhanden sind. Das heißt, er wurde nicht in Köln geimpft. Auch die Chargen-Nr., die in seinem Impfbuch steht, wurde nie in dem Impfzentrum verimpft." Heißt im Detail: Bei der angeblichen Erstimpfung vom 20. April 2021 spielte der Trainer mit Darmstadt in Würzburg, bei der Zweitimpfung am 1. Juni 2021 weilte er 750 Kilometer von Köln entfernt im österreichischen Zillertal. Die Krönung der ganzen Nummer ist, dass Markus Anfang am 11. November 2021 bei einer 2GPlus-Party mitfeierte, obwohl er nicht eine einzige der Voraussetzungen erfüllen konnte.

22. November 2021 Der „Teil-Lockdown" für Geimpfte wird in Österreich zu einem Lockdown für alle. Für 20 Tage wird das öffentliche Leben komplett heruntergefahren, die eigene Wohnung darf nur noch aus dringenden Gründen verlassen werden.

Unterdessen prophezeit Deutschlands Gesundheitsminister Spahn makaber: „Wahrscheinlich wird am Ende dieses Winters so ziemlich jeder in Deutschland geimpft, genesen oder gestorben sein."

27. November 2021 In München werden die ersten beiden Fälle der neuen, hochansteckenden Omikron-Variante B.1.1.529 entdeckt. Südafrika-Rückkehrer schleppten sie drei Tage zuvor mit nach Deutschland ein.
Unterdessen stoppt die Polizei eine illegale Impfaktion in Lübeck. Am Flughafen verabreicht Winfried Stöcker einen eigens entwickelten Impfstoff. Kein Witz! Insgesamt 107 Personen bekommen eine Dosis verabreicht, weitere 600 warten (vergeblich) darauf. Wenig später erklärt Stöcker der Wochenzeitung Junge Freiheit, sein Impfstoff sei gar „über 30.000 Mal" und bei „über 10.000 Personen" verabreicht worden.

28. November 2021 Ein kurioses Topspiel steigt in Rumäniens Liga 1. Die Fußballer von Universitatea Craiova und FCSB Bukarest treffen aufeinander. Kurios deshalb, weil in den ersten 45 Minuten Zuschauer erlaubt sind. In der zweiten Hälfte wegen einer Ausgangssperre allerdings nicht mehr. Der Ticketpreis für das halbe Spiel: 1 Lei (Anmerkung: *damals umgerechnet ca. 25 Cent*). Immerhin sehen sie beim 3:2-Sieg für Bukarest in der ersten Hälfte drei Tore.

29. November 2021 Die Präsenzpflicht wird im Bundesland Brandenburg aufgehoben. Schüler dürfen dem Unterricht nun ohne Angabe jeglicher Gründe fernbleiben.

Corona-Infektionszahlen (29. November 2021, 20 Uhr)
Land = Infektionen | an/mit Corona verstorben
Australien = 209.143 | 1.997
Bangladesch = 1,5 Mio. | 27.980
Brasilien = 22,0 Mio. | 614.278

China = 111.188 | 4.849
Deutschland = 5,8 Mio. | 101.009
Griechenland = 931.183 | 18.067
Großbritannien = 10,2 Mio. | 145.253
Indien = 34,5 Mio. | 468.790
Italien = 5,0 Mio. | 133.739
Kasachstan = 1,0 Mio. | 17.765
Niederlande = 2,6 Mio. | 19.798
Österreich = 1,1 Mio. | 12.425
Schweden = 1,2 Mio | 15.145
Schweiz = 1,0 Mio. | 11.499
Spanien = 5,1 Mio. | 87.955
Südafrika = 2,9 Mio. | 89.797
USA = 48,2 Mio. | 776.890
Weltweit = 261,1 Mio. | 5,2 Mio.

30. November 2021 Die Booster-Impfung ist in Großbritannien bereits drei Monate nach der zweiten Dosis (oder erste Dosis AstraZeneca) möglich. Zuvor war von einem Impfschutz von bis zu sechs Monaten die Rede.

1. Dezember 2021 In der englischen Grafschaft Norfolk muss ein 53-Jähriger für zwölf Wochen ins Gefängnis. Der dümmliche Grund: Der Impfgegner hatte die Tür eines Impfzentrums mit Sekundenkleber versperrt.

2. Dezember 2021 Am Tag des „Großen Zapfenstreichs", der offiziellen Verabschiedung von Angela Merkel als Bundeskanzlerin, werden erneut erhebliche Einschränkungen für die Menschen in Deutschland verkündet. Private Zusammenkünfte, an denen nicht geimpfte oder nicht genesene Personen teilnehmen, sind auf den eigenen Haushalt sowie höchstens zwei Personen aus einem weiteren Haushalt einzuschränken. Im Einzelhandel und bei Kultur- sowie Sportveranstaltungen gelten die 2G-Regeln.

Die „normale" Inzidenz löst zudem wieder die Hospitalisierungsinzidenz als Maßstab ab. Diese hielt also exakt zwei Wochen als entscheidende Instanz …

8. Dezember 2021 Ein sehr interessantes Urteil fällt das Bundessozialgericht: Stürzt jemand im Homeoffice auf dem Weg von seinem Bett zum Schreibtisch, dann übernimmt die gesetzliche Unfallversicherung. So passiert einem Verkaufsleiter, der auf der Wendeltreppe stürzte und sich einen Brustwirbel brach. Das Beschreiten der Treppe habe nämlich allein der erstmaligen Arbeitsaufnahme gedient und sei deshalb als Betriebsweg versichert, so der Richter.

9. Dezember 2021 Guido Russo aus Biella in Italien ist Zahnarzt. Und sollte sich deshalb eigentlich bestens mit der Medizin auskennen. Dass ein Silikon-Arm beim Impfen aber zur Anzeige statt zum Impfzertifikat führen wird, kommt dem dreisten Schummler wohl nicht in den Sinn. Und er hat noch einen wichtigen Fakt vergessen: Impfhelferin Filippa Bua „konnte einfach keine Vene finden", sodass der Täuschungsversuch auffliegt. Betrug statt Ass im Ärmel.

10. Dezember 2021 Paragraf 20a wird im deutschen Gesetzbuch aktualisiert. Klingt ziemlich bürokratisch, hat aber eine sehr weitreichende Folge: Er bedeutet die

Impflicht für alle Angestellten in Kliniken und Pflege-einrichtungen. Bis zum 15. März 2022 müssen sie voll-ständig geimpft sein.

12. Dezember 2021 Die niederländische Polizei nimmt einen Mann fest, der Coronaviren zur Selbstinfektion anbietet und per Lieferung senden wollte. Auf seiner Homepage bietet er das Corona-Kit für 33,50 Euro an. Das Versprechen des Anbieters: „Die Viren sind nicht älter als drei Monate und sie sind damit sicher, auch die letzten Mutationen und Varianten dabeizuhaben."

13. Dezember 2021 Illegal ist es zwar nicht, dafür aber höchst unwissenschaftlich. Die nordrhein-westfälische Landesregierung verkündet, dass der Booster ab sofort schon vier (!) Wochen nach der zweiten Dosis erlaubt ist – scheinbar ohne Rückfragen bei Experten zu stellen. Diese sind einheitlich der Meinung wie der von Immu-nologie-Professorin Christine Falk, die der Deutschen Presse-Agentur erklärt: „Aus immunologischer Sicht sind vier Wochen Abstand zu früh." Statt eines positi-ven Effekts gilt also: „Wenn man diesen Vorgang zu früh durch eine dritte Impfung mit der Verabreichung des Antigens beschäftigt, stört das den Reifungsprozess eher, als dass es ihn unterstützt."

14. Dezember 2021 Australien, das bis dato eine „No-COVID-Strategie" durchzog, verkündet in Person von Premierminister Scott Morrison: „Wir haben uns als Land entschlossen, mit dem Virus zu leben." Deshalb fallen viele Maßnahmen ab sofort weg.

In den Niederlanden wird hingegen ein ganz anderer Weg gewählt. Dort verlängert sich der „17-Uhr-Lockdown" um weitere vier Wochen. Restaurants, Geschäfte und Sportclubs müssen täglich um 17 Uhr schließen, das öffentliche Leben wird danach komplett runtergefahren.

15. Dezember 2021 Nur zwei Tage, nachdem die Booster-Impfung schon vier Wochen nach der zweiten Dosis erlaubt sein sollte, rudert die NRW-Landesregierung zurück. Nun ist auf einmal doch von „fünf Monaten Mindestabstand zur Grundimmunisierung" die Rede. Konsequent inkonsequent.
In Bayern starten unterdessen die Kinderimpfungen für 5- bis 11-Jährige.

19. Dezember 2021 Wieder eine neue Lockdown-Form in den Niederlanden. Dieses Mal ist es der „Sofort-Lockdown", verkündet am Abend zuvor um 19 Uhr, gültig am Folgetag ab 5 Uhr am Morgen. Nicht-lebensnotwendige Geschäfte, Restaurants, Schulen – alles macht bis zum 14. Januar 2022 dicht. Premierminister Mark Rutte sagt geknickt: „Ich stehe hier heute Abend in düsterer Stimmung." Die Folge sind Riesenanstürme auf Shoppingzentren, um wenigstens noch Weihnachtseinkäufe zu erledigen.

20. Dezember 2021 Der Totimpfstoff Nuvaxovid des US-Herstellers Novavax wird in der EU zugelassen.

21. Dezember 2021 Auch unter Neu-Bundeskanzler Olaf Scholz – seit 13 Tagen im Amt – bleibt der Corona-

Kurs vorsichtig. Deshalb werden die Kontaktbeschränkungen weiter begrenzt, bei privaten Zusammenkünften sind maximal zehn Personen erlaubt. Clubs und Discos schließen sofort und sind auch über Silvester dicht.

23. Dezember 2021 Wie hart manche Länder gegen Quarantäne-Verbrecher vorgehen, zeigt ein Fall aus Thailand. Dort hatte ein Tourist am 7. Dezember 2021 ein Quarantäne-Hotel verlassen, ohne sein (negatives) Testergebnis erhalten zu haben. Der 29-Jährige wird des Landes verwiesen und darf nie wieder einreisen.

24. Dezember 2021 Schöne Bescherung für alle Impfwilligen. Am Duisburger Hauptbahnhof startet der Neurologe Ahmad-Mujtaba Mostakiem (s)einen 81-Stunden-Impf-Marathon. Gemeinsam mit 15 Mitarbeitern wird im Drei-Schicht-Betrieb geimpft.

27. Dezember 2021 Die Israelis beginnen tatsächlich bereits mit der vierten Impfung. Regierungschef Naftali Bennett sagt: „Es wird dabei helfen, die Omikron-Welle zu überwinden, die die ganze Welt überschwemmt." Rund 150 Mitarbeiter des Schiba-Krankenhauses in Tel Aviv bekommen die nächste Dosis. Ein serologischer Test hatte bei ihnen zuvor eine niedrige Anzahl von Antikörpern angezeigt.
Wenig im Hirn hat derweil ein Pärchen in Immenstadt. Die beiden nehmen an einem sogenannten „Corona-Spaziergang" teil– und lassen währenddessen die drei und fünf Jahre alten Kinder weinend im Auto zurück. Bei Temperaturen von gerade einmal drei Grad Celsius.

28. Dezember 2021 Mit Methoden wie aus dem Mittelalter werden in China Verstöße gegen die Corona-Auflagen behandelt. Vier Männer müssen in der Provinz Guangxi den „Marsch der Schande" antreten. Bewaffnete Polizisten treiben das Quartett vor einer Menschenmasse durch die Straßen, dabei halten die Männer Plakate mit ihrem Namen und Foto hoch. Nahezu zeitgleich werden andernorts Corona-Sünder wie Vieh auf einem LKW festgekettet, der sonst dem Schweine-Transport dient. Polizisten verkünden zusätzlich über Lautsprecher die Namen und Verstöße der Personen.

31. Dezember 2021 Kürzlich noch ein versuchtes „Zero-COVID-Land", meldet Australien Rekordwerte mit täglich über 30.000 Infektionen.

3. Januar 2022 Im Kofferraum eingesperrt zum Corona-Test. So ergeht es dem 13-jährigen Sohn von Sarah Beam in Houston (USA). Beam erklärt den Testzentrum-Mitarbeitern noch völlig stumpf, dass bei ihrem Schützling schon einmal COVID-19 festgestellt wurde und sie sich auf keinen Fall anstecken wolle. Die strafrechtlichen Ermittlungen wegen Gefährdung des Kindeswohls sind definitiv das Mindeste.

4. Januar 2022 „Heute bin ich mit einer Ausnahmeregelung auf dem Weg nach Down Under. Auf geht's 2022!" So verkündet von Tennis-Star Novak Djokovic via Social Media. Und das, obwohl erst Mitte Oktober 2021 bekanntgegeben wurde, dass kein ungeimpfter Spieler einreisen dürfe (Anmerkung: *siehe 19. Oktober 2021*). Es ist der Startschuss zu einem unfassbaren Einreise-Krimi.

6. Januar 2022 Lockdown – obwohl keine einzige Corona-Infektion gemeldet ist! Um die Olympischen Winterspiele nicht zu gefährden, werden in den chinesischen Städten Hebi und Kaifeng sämtliche Kultur- und Unterhaltungseinrichtungen kurzerhand geschlossen.

7. Januar 2022 Beim österreichischen Energieversorger Wien Energie werden 50 Mitarbeiter einkaserniert. Für vier Wochen sollen sie in einem Kraftwerk und drei Müllverbrennungsanlagen isoliert sein. Dafür stehen Betten, Küchen-, Wasch- und Freizeiträume zur Verfügung. Unternehmenschef Michael Strebl teilt mit: „Es ist oberste Priorität, dass die Heizungen der Wienerinnen und Wiener warm sind und das Licht jederzeit angeht."

8. Januar 2022 Eine seltene Demonstration findet in Minden statt. Dort bilden 2500 Menschen eine Menschenkette, um gegen die Corona-Leugner-Demos zu protestieren. Das Motto trägt eine Frau auf ihrem Schild: „Nachdenken statt Querdenken."

12. Januar 2022 Großbritanniens Premierminister mimt den Reumütigen und entschuldigt sich „von Herzen". Warum? Boris Johnson wurde nachgewiesen, dass er am 20. Mai 2020 eine Gartenparty mit über 100 Mitarbeitern abhielt. Erlaubt zu jener Zeit waren Treffen von maximal zwei (!) Personen aus zwei Haushalten.

13. Januar 2022 Ein Durchsuchungshammer in Bayern! Polizisten wollen Impfbetrügern auf die Spur kommen und durchsuchen deshalb deren Wohnungen, stellen Handys sicher und nehmen sogar Blutproben. Eine nie dagewesene und bis dahin undenkbare Szenerie.

Mehrfach wirre Meldungen gibt es auch rund um die Handball-EM in der Slowakei und Ungarn. Während bei dem einen Co-Gastgeber Slowakei auf 1G und 25 Prozent Hallenauslastung gesetzt wird, gelten beim zweiten Gastgeber Ungarn 3G und 100 Prozent Auslastung. Weil zudem im Vorfeld zahlreiche Stars positiv getestet wurden, verkürzt die European Handball Federation die verpflichtende Quarantäne kurzerhand von 14 auf fünf Tage – der Startschuss eines ziemlich durchseuchten Turniers.

15. Januar 2022   Zwei neue und wichtige Richtlinien werden in Deutschland verkündet. Quarantäne und Isolation werden auf zehn statt bisher 14 Tage verkürzt. Außerdem gilt der Genesenennachweis offiziell nur noch drei statt sechs Monate. In Wahrheit sind es nicht einmal drei Monate, sondern nur 62 Tage, denn der Status wird erst 28 Tage nach der Infektion gültig.

16. Januar 2022   Griechen über 60 Jahre, die nicht geimpft sind, erwartet zukünftig eine Geldbuße von 100 Euro. Jeden Monat! Regierungschef Kyriakos Mitsotakis sagt zu der möglichen Strafe für rund 300.000 Rentner: „Du lässt dich impfen und zahlst keine Strafe. Punkt!"

Apropos nicht geimpft: Novak Djokovic muss Australien endgültig verlassen! So entscheidet das Bundesgericht in Melbourne nach zwölf Tagen Einreise-Posse.

18. Januar 2022   Mal wieder China, natürlich mit einer verrückten Nachricht. Der Staatssender CCTV warnt: „Minimieren Sie den Kauf von Waren aus Ländern mit einer hohen Inzidenz." Auch Post aus dem Ausland soll, wenn überhaupt, nur noch mit Schutzmaske und Einweghandschuhen geöffnet werden, um Ansteckungen zu verhindern. Experten halten diese Gerüchte allerdings für schlicht unmöglich.

19. Januar 2022 Erstmals werden in Deutschland über 100.000 positive Fälle an einem Tag gemeldet. Es sind exakt 112.323 Infektionen.

25. Januar 2022 Fußball-Profi Max Kruse wütet via Streamingportal Twitch: „ (…) im Parlament haben die Leute weiterhin sechs Monate. What the fuck, ist im Parlament kein Corona? Haben die da Corona-Antikörper rumfliegen, oder was?" Damit gemeint ist die Tatsache, dass der Genesenenstatus für alle Teilnehmer des Bundestages weiterhin für sechs statt wie für die Allgemeinheit drei Monate gilt (Anmerkung: *Erst am 14. Februar 2022 wird der Genesenenstatus auch für die Bundestagsabgeordneten angepasst).*

1. Februar 2022 Dänemarks Regierungschefin Mette Frederiksen kündigt an: „Das ist der Übergang zu einer neuen Zeit." Es folgt die Aufhebung nahezu aller Corona-Beschränkungen, trotz einer Inzidenz von 4700! Südafrika geht einen ähnlichen Weg. Dort dürfen Infizierte, die keine Symptome zeigen, weiter am normalen Leben teilnehmen und müssen nicht mehr in Isolation.

2. Februar 2022 In nur drei Monaten dank Corona zu Millionären? So vollbringen es die Krankenschwestern

Julie DeVuono und Marissa Urraro. Allerdings ergaunern sich die New Yorkerinnen die 1,5 Millionen US-Dollar illegal. Sie verschaffen Ungeimpften gefälschte Impfausweise und tragen deren Namen in die offizielle Impfdatenbank ein. Macht pro Erwachsenem 220 Dollar und pro Kind 85 Dollar Gewinn. Jeder Deal wird obendrein fein säuberlich in einem Notizbuch vermerkt.

4. Februar 2022 Das Urlaubsparadies Bali öffnet sich erstmals seit Beginn der Pandemie wieder für Touristen. Im ersten Flieger, aus Tokio kommend, sitzen: Sechs Urlauber sowie sechs indonesische Heimkehrer. Es sind wohl deshalb so wenige Personen, weil weiterhin eine tagelange Quarantäne vorgeschrieben ist – für vollständig Geimpfte fünf Tage, für einmal Geimpfte sieben Tage. Ungeimpfte dürfen weiterhin gar nicht einreisen.

5. Februar 2022 In Österreich tritt die Impflicht für alle Bürger ab 18 Jahren in Kraft. Wer die Spritze verweigert, muss ab Mitte März 2022 mit einer Strafe zwischen 600 bis 3600 (!) Euro rechnen.

7. Februar 2022 Völlig verrückte Szenen geschehen rund um das Eishockey-Duell der Damen aus Kanada und Russland (6:1) bei den Olympischen Spielen. Da die Russinnen wegen sechs positiver Fälle erst drei Tage in Komplett-Quarantäne müssen und dann vorm Spiel keine aktuellen Corona-Tests vorlegen können, boykottieren die Kanadierinnen anfangs das Face-Off. Nach zähen Verhandlungen wird doch gespielt: mit Masken! „Das ist doch eine coole Geschichte. Wir können jetzt sagen, dass wir bei COVID-Olympia waren und sogar in einem Spiel Masken getragen haben", so die Kanadierin Natalie Spooner.

8. Februar 2022 In Bologna (Italien) benötigt ein zwei Jahre alter Junge dringend eine Herz-OP, doch die Eltern wollen nur Blut von Ungeimpften für ihren Schützling. Ein Richter entscheidet, dass das von der Klinik besorgte Blut „absolute Sicherheit" garantiere.

10. Februar 2022 Die Verantwortlichen der Uni Greifswald schießen den Vogel ab. Sie verbieten kurzerhand Vollbärte! Studenten mit starkem Bartwuchs müssen den Rasierer ansetzen, dazu erhalten sie folgende Aufforderung: „Bitte passen Sie ihre Rasur umgehend hygienekonform an." Sonst würden die FFP2-Masken nicht ausreichend am Gesicht anliegen. So etwas kann man sich nicht ausdenken …

14. Februar 2022 Der Türke Muzaffer Kayasan wird zu dieser Zeit bereits seit 14 Monaten positiv auf Corona getestet. Ohne Unterbrechung! Türkischen Medien sagt er: „Ich schätze, das ist die weibliche Version von CO-VID. Sie ist von mir besessen." Ärzte vermuten, dass das schwache Immunsystem des an Leukämie erkrankten Mannes Schuld an „Dauer-Corona" ist.

17. Februar 2022 Uğur Şahin, BioNTech-Gründer, prophezeit gegenüber der Nachrichtenagentur AFP: „Wir müssen uns damit abfinden, dass wir die nächsten zehn Jahre mit dem Virus leben müssen." Dennoch habe die Gesellschaft dem Virus den Schrecken genommen und die Situation sei nicht mehr dramatisch.

24. Februar 2022 Als erstes europäisches Land streicht England die Pflicht zur häuslichen Isolierung nach einem positiven Test. Premier Johnson jubelt: „Es markiert einen Moment des Stolzes nach einer der schwierigsten Zeiten in der Geschichte unseres Landes, indem wir beginnen zu lernen, mit COVID zu leben."

25. Februar 2022 Kanada ist die erste Nation weltweit, die den Einsatz eines Impfstoffs, der auf Pflanzenbasis beruht, genehmigt. Als Dosis schreibt der Hersteller Medicago zwei Gaben vor, zulässig ist der Impfstoff für Menschen zwischen 18 bis 64 Jahren. Wirkung: 71 Prozent. Der einzige Haken: Die Studie stammt aus der Vor-Omikron-Zeit.

26. Februar 2022 In Deutschland fällt der Startschuss für den sogenannten Totimpfstoff Nuvaxovid.

Die (erhoffte) Rückkehr zur „neuen" Normalität (März 2022 bis September 2022)

„Nun treten wir auch in eine neue Phase der Pandemie ein,
in der wir – wie fast alle unsere Nachbarländer –
auf die meisten Schutzmaßnahmen verzichten werden."

3. März 2022 Die Zahl der Hochrisikogebiete fällt um 0.00 Uhr auf null. Deutschland streicht alle Länder auf der einstmals ellenlangen Liste. In Zukunft werden dort nur noch Staaten oder Regionen auftauchen, wenn in diesen Virusvarianten mit „besorgniserregenderen Eigenschaften" vorherrschen.

4. März 2022 Es kann in Deutschland (größtenteils) wieder gefeiert werden. Discos dürfen öffnen, allerdings vorerst noch unter 2G-Plus-Bedingungen.

8. März 2022 Nach Angabe des Bundesgesundheitsministeriums bekommt Deutschland im Jahr 2022 bis zu 34 Millionen Dosen des Totimpfstoffs Nuvaxovid. So weit, so gut. Der Haken: Plötzlich will den Impfstoff kaum noch jemand haben. Nach mehr als einer Woche sind erst 22.000 Dosen verabreicht worden. Das würde beim aktuellen Tempo bedeuten, dass die Bestellung für über 1500 Wochen reicht. Oder umgerechnet knapp 30 Jahre.

9. März 2022 Rolle rückwärts in Österreich. Die erst vor fünf Wochen eingeführte Impfpflicht wird für nichtig erklärt. Verfassungsministerin Karoline Edtstadler erklärt, die Pflicht sei bezüglich der milden Omikron-Variante unverhältnismäßig.

13. März 2022 Obwohl erst am 10. März 2022 über 250.000 neue Corona-Infektionen in Deutschland gemeldet wurden (262.752), darf Fußball-Zweitligist Hannover 96 nur drei Tage später wieder eine 100-prozentige Auslastung seines Stadions anbieten. Ausgerechnet die Niedersachsen, bei denen bis vor drei Wochen nur 500 (!) Zuschauer erlaubt waren. Ein Regel-Irrsinn, der seinesgleichen sucht.

16. März 2022 Die einrichtungsbezogene Impfpflicht für Deutschlands Pflege- und Gesundheitspersonal startet. Wer sich nicht daran hält, kann mit Bußgeldern oder gar Berufs- und Betretungsverbot sanktioniert werden.

17. März 2022 Bundeskanzler Olaf Scholz wagt eine optimistische These: „Nun treten wir auch in eine neue Phase der Pandemie ein, in der wir – wie fast alle unsere Nachbarländer – auf die meisten Schutzmaßnahmen verzichten werden."

24. März 2022 Exakt eine Woche später werden in Deutschland erstmals über 300.000 Infektionen an einem Tag vermeldet. Die 318.387 Fälle mitten in der sechsten Welle sind bis heute Rekord. Die Inzidenz liegt bei 1752.

27. März 2022 Über 25 Millionen Menschen befinden sich in Shanghai im strengen Lockdown. Die öffentlichen Verkehrsmittel liegen lahm, die Straßen sind so leergefegt wie in einem Western. Nur Roboter-Hunde patrouillieren auf den Straßen. Wie bitte, Roboter-Hunde? Richtig gelesen. Sie weisen die Bewohner konsequent daraufhin, nicht die Wohnungen zu verlassen. Science-Fiction meets Western.

4. April 2022 Gesundheitsminister Prof. Karl Lauterbach, erst seit rund vier Monaten im Amt, liefert sich selbst die Steilvorlage für eine peinliche Posse. Er verkündet vor versammelter Presse, dass positiv getestete Personen ab dem 1. Mai 2022 nicht mehr verpflichtend in Isolation müssen. Dafür erntet Lauterbach vielfach und umgehend Kritik.

5. April 2022 Nur einen Tag später kassiert Lauterbach die wegfallende Isolationspflicht wieder ein. Dieses Mal aber nicht vor versammelter Presse oder dem Berufsbild entsprechend im Bundestag, sondern in einer Talkshow. Wie so häufig in letzter Zeit ist der Gesundheitsminister an diesem Abend bei Markus Lanz zu Gast.

6. April 2022 Herzzerreißende Bilder aus Shanghai machen bei Twitter die Runde. Darauf zu sehen sind Kleinkinder und sogar Babys, die alleine in Krankenhäusern kauern. Sie sind von ihren Eltern getrennt worden, weil sie Corona haben. Der Druck auf die Gesundheitsbehörden wächst durch die riesige Empörung ins Unermessliche, sodass die Stadtregierung schließlich zugibt, die Babys und Kinder völlig ohne Bezugspersonen in den Kliniken zu stationieren. Unfassbar herzlos!

7. April 2022 Die Impfpflicht für alle Bürger ab 60 Jahren ist in Deutschland endgültig ad acta gelegt. Insgesamt 378 Abgeordnete stimmen gegen den diesbezüglichen Gesetzesentwurf, nur 296 dafür.

8. April 2022 Die sechste Welle ist offiziell gebrochen. RKI-Präsident Lothar Wieler verkündet: „Wir haben den Höhepunkt der aktuellen Welle überschritten."

13. April 2022 In Bayern müssen Corona-Infizierte fortan nur noch für fünf Tage in Isolation. Sofern sie in den abschließenden 48 Stunden keine Symptome aufweisen, entfällt zudem ein finales Freitesten.

14. April 2022 Geisteskranke Pläne schmieden die Mitglieder der Telegram-Chatgruppe „Vereinte Patrioten". Sie rufen die „Operation Klabautermann" aus, wollen sich dafür zehn Sturmgewehre, Pistolen und Minen besorgen. Alles mit dem Ziel, Gesundheitsminister Karl Lauterbach zu entführen. Der Plan fliegt auf, die Irren werden festgenommen.

15. April 2022 Bei über 500 (!) Millionen Menschen wurde mittlerweile ganz offiziell eine Corona-Infektion nachgewiesen.

27. April 2022 Mehr als die Hälfte aller Amerikaner sei bereits mit Corona infiziert, so die Aussage der Gesundheitsbehörde CDC. Antikörper-Studien ließen darauf schließen, dass fast 60 Prozent mindestens einmal Corona gehabt hätten. Bei den Kindern und Jugendlichen seien es sogar rund 75 Prozent. Offiziell sind es zu diesem Zeitpunkt „nur" 80 Millionen Infektionen bei knapp 330 Millionen US-Einwohnern.

Ähnliches verkündet auch EU-Gesundheitskommissarin Stella Kyriakides: „Schätzungsweise 60 bis 80 Prozent der EU-Bevölkerung haben sich mittlerweile mit COVID infiziert." Laut offiziellen Angaben sind bis dato nur 30 Prozent betroffen. Gründe für die Differenzen bei den Infektionszahlen sind unter anderem durchlässige Teststrategien und asymptomatische Verläufe.

1. Mai 2022 Die von der Bürgerschaft (Anmerkung: *das Landesparlament des Stadtstaates*) festgestellte pandemische Lage läuft in Hamburg aus. Kurzerhand wird von Seiten der Gesundheitsbehörde der Hansestadt mitgeteilt, dass die Corona-Kennzahlen in Zukunft lediglich wöchentlich und nicht mehr täglich verkündet werden. Nur noch dienstags gibt es dann die Auskünfte über Inzidenzen, Hospitalisierungsraten und die Auslastung der Intensivstationen.

6. Mai 2022 Das Robert Koch-Institut senkt die Risikobewertung der Corona-Gefahren von „sehr hoch" auf „hoch" ab. Ein politisch lange Zeit brisanter Schritt, der aufgrund der überwiegend milden Verläufe der Omikron-Variante gepaart mit einer hohen Grundimmunisierung aber inzwischen Sinn macht.

9. Mai 2022 Apple verliert einen seiner cleversten Forscher im Bereich Künstlicher Intelligenz. Was Ian Goodfellow nämlich überhaupt nicht gut findet, ist das gefühlte Homeoffice-Ende. Schon in Kürze sollen die Angestellten wieder drei Tage die Woche ins Büro kommen. Nicht aber mit Goodfellow, der seinen Mitarbeitern schreibt: „Ich bin der festen Überzeugung, dass mehr Flexibilität die beste Entscheidung für mein Team gewesen wäre." Dabei lebt das Genie nur einen Katzensprung von der Apple-Zentrale entfernt.

11. Mai 2022 Wirklich besorgniserregende Nachrichten verbreitet das Giftgasinformationszentrum Nord in Göttingen. Im Jahr 2019 habe es nur sieben Notrufe wegen Chlordioxid-Vergiftungen im Raum Niedersachsen, Bremen, Hamburg und Schleswig-Holstein gegeben, im Jahr 2021 waren es 50 – und im Jahr 2022 bereits deren 24. Was das mit Corona zu tun hat? Chlordioxid-Lösungen gelten in manchen Kreisen als „Wundermittel" gegen diverse Krankheiten, obwohl die Einnahme tödlich enden kann.

12. Mai 2022 Nordkorea verkündet seinen (angeblich) ersten Corona-Fall überhaupt. Seit über zwei Jahren verbreitet sich das Virus weltweit, mit dem Ursprung in Nordkoreas Nachbarland China, aber bis zu diesem Tag soll es offiziell keinen Fall gegeben. Nun aber der erste Befund in der Hauptstadt Pjöngjang. Diktator Kim Jong-un verkündet trotzdem lapidar: „Der gefährlichere Feind als das bösartige Virus ist unwissenschaftliche Furcht, der Mangel an Glauben und ein schwacher Wille." Na dann …

13. Mai 2022 Am Tag danach berichtet Nordkoreas staatliche Nachrichtenagentur KCNA dann von einer „mysteriösen Fieberseuche", in deren Folge es über eine halbe Million Infizierte und einige Tote gegeben haben soll. Auf die Idee zu kommen, dass es sich dabei um Corona handeln könnte? Aber doch nicht mit Kim Jong-un! Eine Engstirnigkeit, die dramatische Folgen für die 25 Millionen Einwohner des Landes haben könnte, denn es gibt kaum Impfstoffe und noch dazu ein unmodernes Gesundheitssystem. Statt dies zu ändern, empfiehlt die „Kim-Regierung": Mund mit Salzwasser ausspülen und Milch trinken.

19. Mai 2022 Az. 1 BvR 2649/21 steht im Mittelpunkt. Das Urteil der Richter am Bundesverfassungsgericht besagt, dass die im Dezember 2021 beschlossene und am 16. März 2022 umgesetzte Impfpflicht für Pflegekräfte und medizinisches Personal verfassungsgemäß ist. Im Wortlaut: „Der sehr geringen Wahrscheinlichkeit von gravierenden Folgen einer Impfung steht die deutlich höhere Wahrscheinlichkeit einer Beschädigung von Leib und Leben vulnerabler Menschen gegenüber."

31. Mai 2022 Gibt es wegen Corona bald eine Besteuerung von Zuckergetränken? Eine Sofortmaßnahme, die Experten als Folge einer repräsentativen Umfrage der Deutschen Adipositas-Gesellschaft und des Else Kröner Fresenius Zentrums für Ernährungsmedizin an der TU München fordern. Zur Begründung sagt DAG-Sprecherin Susann Weihrauch-Blüher: „Eine Gewichtszunahme in dem Ausmaß wie seit Beginn der Pandemie haben wir zuvor noch nie gesehen. Das ist alarmierend!"

1. Juni 2022 Eine mehrfach verlängerte Sonderregelung läuft in Deutschland aus: die Krankschreibung per Telefon. Seit Ende März 2020 war diese Option beinahe durchgehend möglich, um unnötige Kontakte zu vermeiden und dadurch das Infektionsrisiko zu senken.

10. Juni 2022 Ist das der sogenannte Tropfen auf dem heißen Stein? Der Bundesrat billigt einen Corona-Bonus für Pflegekräfte. Immerhin hatte das Pflegepersonal in Krankenhäusern und Altenheimen besonders in den Hochzeiten der Pandemie einen Knochenjob. Oder wie es Edgar Franke, Parlamentarischer Staatssekretär, sagt: „Pfleger sind und waren in der Pandemie extrem gefordert, mental und körperlich." Daher ist die Sonderzahlung gut, die (maximal) 550 Euro on top klingen aber wie ein schlechter Witz. Nur mal zum Vergleich: Ohnehin schon gut verdienende Mitarbeiter von Bundestagsabgeordneten erhielten im Dezember 2020 bis zu 600 Euro Corona-Bonus, und zwar steuerfrei. Beschäftigte im öffentlichen Dienst der Länder bekamen Anfang 2022 gar eine Sonderzahlung in Höhe von 1.300 Euro.

17. Juni 2022 Die Corona-Impfung für Kleinkinder ab einem Alter von sechs Monaten (!) rückt in den USA immer näher. Die Arzneimittelbehörde FDA erteilt die Notfallzulassung für die Impfstoffe von BioNTech/Pfizer sowie Moderna.

23. Juni 2022 Das halbe Dutzend an in der EU zugelassenen Impfstoffen ist quasi voll. Die Europäische Arzneimittelagentur EMA erteilt dem Totimpfstoff des Pharmakonzerns Valneva grünes Licht. VLA2001, so der

Name, funktioniert ähnlich wie klassische Grippe-Impf-stoffe, enthält inaktivierte Bestandteile des Coronavirus.

27. Juni 2022 „Die Menge an medizinischen Abfällen pro Tag hat ein Ausmaß angenommen, das in der Geschichte der Menschheit praktisch beispiellos ist." Yifei Li, Umweltexperte an der New York University in Shanghai, spricht die Massentests in China an. Selbst, wenn nur wenige Fälle vorliegen, werden Millionenstädte komplett durchgetestet. Hat zur Folge, dass sich Röhrchen, Tupfer und Verpackungen in Tonnen häufen. Noch einmal Li: „Die Probleme sind jetzt schon riesig und werden sich weiter verschärfen." Laut der Behörden Shanghais seien im harten Lockdown zwischen Mitte März 2022 und Anfang Juni 2022 unfassbare 68.500 Tonnen medizinischen Abfalls verursacht worden – das Sechsfache (!) des normalen Wertes.

30. Juni 2022 Die zuvor kostenlosen Corona-Bürgertests müssen nun wieder von jedem Einzelnen (mit)finanziert werden. Drei Euro sind pro Test fällig. Einzig für vulnerable Gruppen – Kinder bis fünf Jahre, Frauen in der Schwangerschaft, Besucher von Kliniken und Pflegeheimen – bleiben die Tests kostenlos. Das erinnert sehr an denselben, krachend gescheiterten Versuch aus dem Oktober 2021 (Anmerkung: *siehe Meldung vom 11. Oktober 2021*). Niedersachsens Gesundheitsministerin Daniela Behrens bringt es daher treffend auf den Punkt: „Das nimmt uns Sicherheit im Erkennen von Infektionen und bei der Unterbrechung von Infektionsketten."

Corona-Infektionszahlen (30. Juni 2022, 20 Uhr)

Land = Infektionen | an/mit Corona verstorben
Australien = 8,1 Mio. | 9.897
Bangladesch = 1,9 Mio. | 29.145
Brasilien = 32,2 Mio. | 670.848
China = 2,1 Mio. | 14.625
Deutschland = 28,1 Mio. | 141.105
Griechenland = 3,6 Mio. | 30.218
Großbritannien = 22,8 Mio. | 180.920
Indien = 43,4 Mio. | 525.116
Italien = 18,4 Mio. | 168.294
Kasachstan = 1,3 Mio. | 19.018
Niederlande = 8,2 Mio. | 22.992
Österreich = 4,4 Mio. | 20.037
Schweden = 2,5 Mio. | 19.093
Schweiz = 1,9 Mio. | 29.145
Spanien = 12,7 Mio. | 107.906
Südafrika = 3,9 Mio. | 101.764
USA = 87,4 Mio. | 1,0 Mio.
Weltweit = 546,7 Mio.| 6,3 Mio.

1. Juli 2022 „Viele Schülerinnen und Schüler haben den Anschluss verloren und große Lernrückstände." So analysiert es Hamburgs Schulsenator Tim Rabe. Eine Studie, die bundesweit das Bildungsniveau von Viertklässlern unter die Lupe nimmt, beleg dies. Im Lesen liegt der Rückschritt gegenüber dem Jahr 2016 bei knapp einem Drittel eines Schuljahres, in der Mathematik und auch bei der Rechtschreibung bei einem Viertel. Gegenüber 2011 betragen die Rückstände fast ein halbes Schuljahr. Wochenlange Schulschließungen und Quarantäne-Zeiten beeinflussen also den Lernerfolg. Wen wundert es …

15. Juli 2022 Wieder einmal steht Gesundheitsminister Karl Lauterbach wegen seiner Äußerungen in der Kritik. Lauterbach im Spiegel: „Wenn jemand den Sommer genießen und kein Risiko eingehen will zu erkranken, dann würde ich in Absprache mit dem Hausarzt auch Jüngeren die Impfung empfehlen. Dann hat man einfach eine ganz andere Sicherheit." Eine Meinung, die von wissenschaftlicher Seite nicht geteilt wird. Überhaupt nicht. Virologe Prof. Alexander Kekulé betont gegenüber der Welt am Sonntag, dass der Gesundheitsminister „eigene Empfehlungen" abgebe, „die von denen der Ständigen Impfkommission abweichen" würden. Und: „Dass es nach der vierten Impfung kein Risiko mehr gäbe, an COVID zu erkranken, ist grob falsch."

24. Juli 2022 Ekelig, dumm und grob fahrlässig, und zwar im wahrsten Sinne des Wortes. Zwei Brüder aus dem Saarland, 28 und 30 Jahre alt, verursachen mit über drei Promille einen Unfall, begehen Fahrerflucht, wollen Zeugen attackieren – und sind obendrein noch positiv auf Corona getestet. Als wäre das nicht schon genug, lecken sie in den Streifenwagen die Sitze an, um weitere Personen anzustecken. Ein Polizeisprecher bestätigt: „ (…) verunreinigten sie das Innere der Fahrzeuge durch Ablecken der Sitze und Verteilen ihres Speichels."

1. August 2022 In Deutschlands Nachbarländern wird der Umgang mit dem Virus gelockert. Nun schafft Österreich die Isolationspflicht ab. Positiv getestete Personen, die sich aber nicht krank fühlen, dürfen das Haus verlassen. Einzige Bedingung: Sie müssen eine Maske tragen. Selbst arbeiten mit positivem Befund ist möglich.

2. August 2022 Gleich nochmal die Österreicher, dieses Mal mit einer brisanten Klage. Brisant deshalb, weil sie einen großen Teil der Bürgerinnen und Bürger betrifft. Personen, die nicht geimpft oder genesen waren, hatten keinen Zutritt zu Friseursalons. Zuerst für zehn Tage angedacht, hielt das Verbot von Mitte November 2021 bis Ende Januar 2022 für elf Wochen. Der Kläger bekommt nun Recht, weil er auf einen „Friseurbesuch als Grundbedürfnis" geklagt hat und Schadensersatz verlangt.

4. August 2022 Erst am 1. Juni 2022 abgesetzt, wird die Krankschreibung via Telefon wieder eingeführt. Hohe Infektionszahlen sind der Grund, lange Warteschlangen und Infektionsherde vor oder gar in den Arztpraxen sollen verhindert werden.

11. August 2022 Während sich die gesamte Welt seit über zweieinhalb Jahren mit Corona rumschlägt, behauptet Nordkoreas Machtinhaber Kim Jong-un nur drei Monate nach dem ersten bestätigten Fall kurzerhand, das Virus mit einem „leuchtenden Sieg" bezwungen zu haben. Angeblich habe es seit knapp zwei Wochen keine Infektion mehr gegeben. Kim Yo-jong, die Schwester des Machtinhabers, posaunt sogar: „Ein erstaunliches Wunder, das in die Weltgeschichte der öffentlichen Gesundheit eingehen wird." Und der großspurige Bruder unterstreicht: „Der von unserem Volk errungene Sieg ist ein historisches Ereignis, das der Welt einmal mehr die Großartigkeit unseres Staates und die unbezwingbare Zähigkeit unserer Bevölkerung zeigt."

21. August 2022 Die „normale" Bevölkerung fliegt von und nach Deutschland nur mit Maske, so will es das Infektionsschutzgesetz. Und die Politiker? Haben scheinbar anders geltende Gesetze. So amüsieren sich Kanzler Olaf Scholz und sein Vize Robert Habeck auf einem Regierungsflug von Berlin ins kanadische Montreal unbeschwert ohne Maske. Selbst aus den eigenen Reihen gibt es dafür Kritik. Bundesjustizminister Marco Buschmann äußert sich im ZDF-Morgenmagazin: „Ich kann die Empörung verstehen." Es sei der Eindruck entstanden, dass „die da oben" andere Regeln befolgen müssten als die Bevölkerung. Korrekt, so fühlt es sich an.

24. August 2022 Wie war das noch gleich – „Ein erstaunliches Wunder", „ein leuchtender Sieg"? In Nordkorea wurde noch vor zwei Wochen groß gefeiert, da Corona angeblich besiegt sei. Nun meldet die staatliche Nachrichtenagentur KCNA, dass sich erneut viele Menschen in der „bösartigen Epidemie" angesteckt hätten.

1. September 2022 Die EU lässt zwei an die Omikron-Subvariante BA.1 angepasste Impfstoffe von BioN-Tech/Pfizer und Moderna zu. „Problem": Die Variante spielt in Deutschland kaum bis keine Rolle mehr.

7. September 2022 In Indien wird zukünftig auch durch die Nase geimpft. Richtig gehört! Das Unternehmen Bharat Biotech hat ein Mittel entwickelt, dessen Einsatz als Basisimmunisierung gilt. Auch in Deutschland laufen dahingehend Studien, ein verifizierter Erfolg konnte allerdings – bis zur Veröffentlichung dieses Buches – nicht vermeldet werden.

14. September 2022 Selbst die Weltgesundheitsorganisation zeigt sich (erstmals) vorsichtig optimistisch: „Wir haben es noch nicht geschafft, aber das Ende ist in Sicht", sagt WHO-Chef Tedros Adhanom Ghebreyesus. Die Welt sei noch nie in einer besseren Position gewesen, seit das Virus zirkuliere.

19. September 2022 US-Präsident Joe Biden ist sich der Sache noch sicherer: „Die Pandemie ist vorbei. Wir haben zwar immer noch ein Problem mit Corona und arbeiten viel daran, aber die Pandemie ist vorbei."

22. September 2022 Immer wieder wurde während der vergangenen Monate und insgesamt fast drei Jahre darüber gesprochen, wie sehr Corona den Kindern und Jugendlichen zu schaffen mache. Dafür liefert die Kaufmännische Krankenkasse nun erschreckende Belege. Bei den 6- bis 18-Jährigen sei die Zahl der Heranwachsenden mit Sprachdefiziten von 2019 auf 2021 um neun Prozent gestiegen. Im Bereich der 15- bis 18-Jährigen sogar um über 20 Prozent. Die Gründe laut KKH: Homeschooling, weniger soziale Kontakte, kaum direkter, kommunikativer Austausch. Zudem geschlossene Logopädie-Praxen und dadurch unentdeckte Sprachstörungen – Tendenz steigend, besonders bei kleinen Kindern. Für sie sei der Spracherwerb aufgrund der Schutzmasken und Kontaktbeschränkungen sehr eingeschränkt.

25. September 2022 1000 Tage Corona!

Der erste „normale" Winter mit Corona (Oktober 2022 bis Januar 2023)

„Das Corona von heute ist nicht das Corona von zu Beginn der Krise. Wir sind auf dem Weg von der Pandemie zur Endemie."

2. Oktober 2022 Bittere Tage für die Basketballer der NINERS Chemnitz. Erst verpassen sie denkbar knapp den Einzug in die Champions League, dann folgt der Corona-Schock: Alle 16 mit zur Qualifikation nach Mazedonien gereisten Personen sind positiv getestet worden. Wirklich alle!

7. Oktober 2022 Gute Nachrichten überbringt Dr. Christoph Spinner, Infektiologe am Klinikum rechts der Isar der Technischen Universität München. Laut Spinner sei die Immunität der Bevölkerung gegen das Virus mittlerweile so hoch, dass die Sterblichkeit von zeitweise 4,5 Prozent auf weit unter 0,1 Prozent gesunken sei. Als Begründung nennt er Folgendes: „Antikörper-Studien zeigen, dass mittlerweile praktisch jeder Mensch (Anmerkung: *in Deutschland*) mindestens einmal mit SARS-CoV-2 infiziert war."

19. Oktober 2022 Die Europäische Arzneimittelbehörde (EMA) genehmigt Corona-Impfungen für Kinder im Säuglings- und Kleinkindalter. Zukünftig können in der EU also Kinder ab sechs Monaten geimpft werden. Dr. Burkard Rodeck, Generalsekretär der Deutschen Gesellschaft für Kinder- und Jugendmedizin, ist mit der Entscheidung zufrieden und sagt: „Wir freuen uns grundsätzlich über die Zulassung. Auch Kleinkinder mit entsprechenden Risikofaktoren können nun mit einem zugelassenen Impfstoff geimpft werden." In Deutschland empfiehlt die Ständige Impfkommission die Injektion „für alle Kinder und Jugendlichen ab einem Alter von fünf Jahren sowie für Kinder von sechs Monaten bis vier Jahren mit erhöhtem Risiko für einen schweren COVID-19-Verlauf".

26. Oktober 2022 Auf der Insel Hiddensee gelten vorübergehend Kutschen als vorherrschendes öffentliches Verkehrsmittel. Der Grund: Alle Busfahrer sind (unter anderem coronabedingt) krank. Üblicherweise schickt die Verkehrsgesellschaft Vorpommern-Rügen in solchen Fällen Ersatzfahrer, aber auch dort ist der Krankenstand zu hoch. Schulkinder in Vitte werden deshalb sogar mit einem Fahrzeug der Feuerwehr befördert.

28. Oktober 2022 „Absperren im Winter werden wir nicht mehr machen. Auf keinen Fall!" Bayerns Ministerpräsident spricht das aus, was alle hören wollen. Söder erklärt seine Sichtweise: „Das Corona von heute ist nicht das Corona von zu Beginn der Krise. Wir sind auf dem Weg von der Pandemie zur Endemie."

2. November 2022 Karl Lauterbach gesteht mit Blick auf die Jüngsten gravierende Fehler ein. Im Anschluss an die Veröffentlichung des Abschlussberichts der „Corona-Kita-Studie" sagt der Bundesgesundheitsminister: „Das Schließen von Kitas ist definitiv medizinisch nicht angemessen und wäre auch in dem Umfang, wie wir es damals gemacht haben, nach heutigem Wissen nicht nötig gewesen."

3. November 2022 Nicht nur die Kita-, sondern auch die Schulschließungen gingen zu Lasten der Kinder und Jugendlichen. Die Kaufmännische Krankenkasse berichtet, dass bei den 6- bis 18-Jährigen rund 34 Prozent mehr von extremem Übergewicht – Adipositas – betroffen sind als noch zehn Jahre zuvor. KKH-Expertin Aileen Könitz kennt die Gründe: „Homeschooling mit stundenlangem Sitzen vor dem PC, fehlender Sportunterricht, kaum Treffen mit Freunden, geschlossene Sportstätten – die Pandemie mit all ihren Kontaktbeschränkungen hat das Leben vieler Kinder und Jugendlicher lange Zeit aus dem Lot gebracht und Inaktivität gefördert."

5. November 2022 Ein 59-jähriger Mann kann nach 411 (!) Tagen endlich durchatmen, denn er wird erstmals wieder negativ getestet. Britische Forscher schaffen es nach über 13 Monaten Krankheit, den genetischen Code des Virus bei dem Infizierten zu analysieren und anhand dessen das richtige Gegenmedikament zu ermitteln. Laut der nun veröffentlichten Studie in der Fachzeitschrift „Clinical Infectious Diseases" hatte der Mann wegen einer Nierentransplantation ein geschwächtes Immunsystem. Die längste bekannte Infektion eines Corona-Patienten beträgt übrigens exakt 505 Tage.

15. November 2022 Obwohl Karl Lauterbach Anfang des Monats öffentlich Fehler in der Corona-Politik eingestanden hat, können es ein paar Unbelehrbare nicht lassen. Lauterbach äußert sich im Kölner-Stadt-Anzeiger besorgt um seine Familie: „Ich selbst werde immer noch bedroht, und auch für meine Kinder bekomme ich erschütternde Morddrohungen." Ohne Personenschutz würde er nicht mehr vor die Tür gehen. Vor einiger Zeit planten Mitglieder der Chatgruppe „Vereinte Patrioten" mit der „Operation Klabautermann" gar die Entführung des Politikers (Anmerkung: *siehe 14. April 2022*).

16. November 2022 Isolations-Hammer in gleich mehreren Bundesländern! Bayerns Gesundheitsminister Klaus Holetschek erklärt: „An die Stelle der Isolationspflicht treten verpflichtende Schutzmaßnahmen für positiv Getestete." In Baden-Württemberg, Bayern, Hessen und Schleswig-Holstein wird dieser Schritt gewagt, der für einen Flickenteppich mit unterschiedlichen Isolationsregeln in den Bundesländern sorgt.

17. November 2022 Prof. Dr. Bernhard Schieffer, Direktor der Klinik für Kardiologie, Angiologie und Intensivmedizin Marburg, beklagt im Interview mit der Neuen Osnabrücker Zeitung, dass die Problematik lang anhaltender Post-Corona-Symptome „vollkommen unterschätzt" werde. Der Experte weiter: „Wir müssen besser verstehen, warum manche Menschen daran so erkranken. Wer erkrankt? Was sind die Risikogruppen? Es braucht endlich mehr Transparenz." Die Nachfrage bei seiner eigens dafür eingerichteten Ambulanz sei riesig: „Zwischenzeitlich waren unsere Server zur Terminvergabe unter der Last zusammengebrochen. Wir haben eine Warteliste bis in den kommenden Sommer hinein, und noch immer warten 2.000 bis 3.000 Betroffene."

Exkurs: Post-COVID-Qualen und die „Morgenstehste-auf-und-alles-ist-vorbei-Hoffnung"

„Ich bin täglich traurig, habe Kopfschmerzen. Durchfallbeschwerden, Schmerzen nahezu überall im Körper, Atemschwierigkeiten. Und das Gefühl, als wolle etwas von innen nach außen, es aber nicht schafft."

Dennis Pötting ist eigentlich im besten Alter. Im besten Alter, um mit Ende 30 eine tolle Zeit als Familienvater zu haben. Im besten Alter, um für sein Unternehmen ein guter Arbeitnehmer zu sein. Im besten Alter, um einfach ein gutes Leben zu haben. Doch genau das hat er seit Februar 2022 nicht mehr.

Der Grund: Corona. Die Infektion, die alles veränderte. Dabei war es „damals überhaupt nicht schlimm. Es hätte auch eine stärkere Erkältung sein können. Hätte … " Dennis wirkt in sich gekehrt, wenn er daran denken muss, was das Virus mit ihm und seinem Körper gemacht hat. Er ist ein Post-COVID-Patient, arbeitsunfähig, kann keine 100 Meter mehr im höheren Tempo mit seiner kleinen Tochter herumtoben. Selbst Spazierengehen ist eine Qual. Pötting erinnert sich an einen eigentlich harmlosen Ausflug im Oktober 2022: „Zwei Kilometer bei mittlerem Tempo. Nicht mehr. Darüber schmunzeln viele Menschen in ihren 80ern. Und ich …?"

Wieder geht der Blick kurzzeitig ins Leere, dann setzt er fort: „ … und ich liege das restliche Wochenende mit Schmerzen im Bett, weil ich mir nicht ausreichend Pausen gegönnt habe. Es ist zum Verzweifeln."

Dennis Pötting zeigt seine Post-COVID-Checkliste

Immer
- Fatigue – dauernde Erschöpfung, selbst sehr geringe Belastung ist nahezu unmöglich
- Schmerzen im Körper – Beine, Arme, Brust- und Lungenbereich

Täglich („Die Symptome kommen und gehen über den Tag verteilt, wie sie gerade lustig sind.")
- Kopfschmerzen
- Durchfall
- Atemschwierigkeiten, Druck auf der Brust
- Erkältungssymptome = Halsschmerzen, Husten, Nase verschlossen
- Antriebslosigkeit
- Traurigkeit
- Konzentrationsschwierigkeiten (selbst beim Lesen)
- Empfindlichkeit bei hoher Lautstärke oder zu vielen Stimmen auf einmal
- Komisches Gefühl im Körper („Als wolle etwas von innen nach außen, schafft es aber nicht")

Oft
- Schlafstörungen
- Starker Verlust des Kurzzeitgedächtnisses
- Schüttelfrost
- Übelkeit
- Wortfindungsstörungen

Gelegentlich

- Schmerzen am Herz (besonders im Sitzen)
- Schwindel (besonders bei/nach sportlicher Betätigung)
- Änderung des Geruchs („ab und an rieche ich Feuer, obwohl es keins gibt")

Selbst eine vierwöchige Reha bringt nicht die erhoffte Wirkung. „Ehrlich gesagt, eigentlich gar keine Wirkung", resümiert Dennis Pötting verzweifelt. Nächstes Ziel ist der Termin in einer Post-COVID-Ambulanz. Nach über sechs Monaten Wartezeit! „Das ist einerseits schon Wahnsinn und zeigt andererseits deutlich, wie hoch der Bedarf eben doch ist", so der Betroffene.
Er würde gerne nach vorne schauen, der Weg aber ist ungewiss. Daher doch nochmal der Blick zurück: „Ich habe am Anfang gedacht: ,Morgen stehste auf und dann ist es vorbei.' Das hoffe ich manchmal auch heute noch."
Eine Hoffnung, die beim Blick auf die Checkliste abwegig klingt. Aber ehrlich gesagt, wäre eine solche Checkliste nicht auch vor Beginn der Pandemie – zumindest in dieser Masse – nahezu unvorstellbar gewesen?

27. November 2022 In China kommt es zu den heftigsten Protesten seit Jahrzehnten. Bewohner durchbrechen in vielen Großstädten Zäune, die ihre Wohnanlagen umschließen, reißen Barrikaden nieder und rufen: „Wir wollen keine PCR-Tests, wir wollen Freiheit." In diesen Tagen erlebt China die höchste Zahl an Neuinfektionen seit Beginn der Pandemie – Tendenz explosiv steigend!

2. Dezember 2022 Wie sehr das Virus von seiner Wucht eingebüßt hat, zeigt sich mit Blick auf die Krankenhäuser. Prof. Gernot Marx verkündet, dass der Anteil an Corona-Patienten auf den Intensivstationen weniger als fünf Prozent betrage. Oder in totalen Zahlen: Etwa 900 Schwerkranke sind es jetzt durchschnittlich, vor einem Jahr waren es zu dieser Zeit fast 5.000!

7. Dezember 2022 Inmitten der heftigen Infektionswelle kündigt die chinesische Regierung das Ende ihrer Null-COVID-Politik an. Fürs Erste sehen die neuen Richtlinien der Nationalen Gesundheitskommission vor, dass sich Infizierte ohne, beziehungsweise mit milden Symptomen „generell zu Hause isolieren" dürfen. Bis dato wurden die Bürger Chinas dafür in Regierungseinrichtungen gesteckt.

14. Dezember 2022 Nur eine Woche später macht sich eine Hilflosigkeit breit. Sun Chunlan, Vize-Ministerpräsidentin und das Gesicht der Null-COVID-Politik, beklagt: „Die Zahl der Infektionen in Peking steigt rasant." In der restlichen Welt sieht die Lage hingegen ganz anders aus. Selbst Tedros Adhanom Ghebreyesus, Generaldirektor der WHO und einer der Mahner schlechthin, hat „die Hoffnung im kommenden Jahr zu sagen: Dies ist keine Pandemie mehr."

21. Dezember 2022: Erst wurden viele Monate sogar Nicht-Infizierte teils eingesperrt, jetzt sollen in China selbst positive Getestete zur Arbeit gehen, sofern es ihnen halbwegs gutgeht. Die Offenbarung hinter dieser Maßnahme steckt wohl besonders im letzten Teil der Erklärung: „ (…) bessere Balance zwischen epidemischer Vorbeugung und sozialer und wirtschaftlicher Entwicklung." Kurz darauf sickert aus Kreisen der Nationalen Gesundheitskommission durch, dass sich in den ersten drei Dezemberwochen laut Schätzungen 248 Millionen Menschen mit COVID-19 infiziert haben sollen!

26. Dezember 2022 Als nachträgliche Bescherung äußern sich gleich mehrere Experten zuversichtlich, dass Corona weiter seinen Schrecken verliert. Virologe Christian Drosten sagt gegenüber dem Tagesspiegel: „Wir erleben in diesem Winter die erste endemische Welle mit SARS-CoV-2, nach meiner Einschätzung ist damit die Pandemie vorbei." Auch Intensivmediziner Prof. Dr. Christian Karagiannidis, Mitglied des Expertenrats der Bundesregierung, sieht das ähnlich und erklärt dem Redaktionsnetzwerk Deutschland: „Ich rechne fest damit, dass die Pandemie jetzt zunehmend ausläuft."

8. Januar 2023 Irre Wende bei den Australian Open! Noch vor einem Jahr gab es ein riesiges Theater um Novak Djokovic und dessen verweigerte Einreise, weil der Serbe nicht geimpft war. Und nun? Dürfen Tennisprofis beim Grand Slam in Down Under selbst dann aufschlagen, wenn sie positiv getestet sind. Auch eine Meldepflicht gegenüber den Veranstaltern gibt es nicht, sollte sich jemand infizieren. Eine 180 Wende.

14. Januar 2023 1111 Tage Corona. Eine Zeit voller Erlebnisse und Ereignisse, die es vor der Pandemie in jeden Science-Fiction-Film geschafft hätten.

Corona-Infektionszahlen (21. Januar 2023, 20 Uhr)
Land = Infektionen | an/mit Corona verstorben
Australien = 11,2 Mio. | 18.092
Bangladesch = 2,0 Mio. | 29.441
Brasilien = 36,7 Mio. | 696.188
China = 4,8 Mio. | 18.441
Deutschland = 37,6 Mio. | 164.703
Griechenland = 5,5 Mio. | 34.779
Großbritannien = 24,4 Mio. | 217.019
Indien = 44,6 Mio. | 530.730
Italien = 25,4 Mio. | 186.488
Kasachstan = 1,4 Mio. | 19.065
Niederlande = 8,6 Mio. | 23.702
Österreich = 5,7 Mio. | 21.609
Schweden = 2,6 Mio.| 23.020
Schweiz = 4,4 Mio. | 14.243
Spanien = 13,7 Mio. | 118.183
Südafrika = 4,0 Mio. | 102.588
USA = 101,9 Mio. | 1,1 Mio.
Weltweit = 668,7 Mio. | 6,7 Mio.

Exkurs: Die Maskenpflicht - hier wird das große Unwissen sichtbar

„Die Maske ist der Impfstoff, bevor es einen Impfstoff gibt."

Es ist DAS Thema schlechthin. Kaum eine Debatte wird so heiß und lange geführt wie diese: die Maskenpflicht. Ein Verwirrspiel mit Irrungen und Wirrungen, die teils verrückter kaum hätten sein können. Der Anfang war bereits Ende Januar 2020, als kaum jemand etwas Verifizierbares über das Coronavirus sagen konnte, es Politiker, Mediziner und weitere Experten aber dennoch versuchten, beziehungsweise versuchten mussten. Der Beginn einer Endlos-Thematik, die selbst nach über drei Jahren mit Corona immer und immer wieder überdacht sowie spezifiziert wird.

Werfen wir einen Blick zurück …

30. Januar 2020 Gesundheitsminister Jens Spahn behauptet, felsenfest von seiner Aussage überzeugt: „Ein Mundschutz ist nicht notwendig, weil das Virus gar nicht über den Atem übertragbar ist."

7. Februar 2020 Die Bundesvereinigung Deutscher Apothekerverbände (ABDA) schließt sich der Meinung Spahns an, veröffentlicht eine Pressemitteilung versehen mit folgender Überschrift: „Coronavirus: Atemmasken für Gesunde unnötig."

24. Februar 2020 Selbst das RKI beharrt auf der eigenen, irrtümlichen Einschätzung. Es wird von den Experten sogar als „unsinnig" eingeschätzt, als gesunder Mensch eine Maske zu tragen, um sich vor „vermeintlich vorhandenen Viren in der Luft" zu schützen. Vielmehr könnten sich die Träger der Masken dadurch in falscher Sicherheit wiegen und „gute Handhygiene vernachlässigen". Dabei beruft sich das RKI auf die WHO (*Anmerkung: Die Situationsberichte des Robert Koch-Instituts sind interessanterweise erst ab dem 4. März 2020 archiviert und einsehbar.* Quelle: https://www.rki.de/DE/Content/InfAZ/N/Neuartiges_Coronavirus/Situationsberichte/Archiv_Maerz.html).

11. März 2020 Bei einer gemeinsamen Pressekonferenz mit Bundeskanzlerin Angela Merkel und RKI-Präsident Lothar Wieler betont Spahn erneut: „Auch der klassische OP-Mundschutz, den viele tragen, schützt sehr überschaubar, um es so zu formulieren. Er ist auch gar nicht notwendig, wenn man sich an die Regeln hält, die ich vorhin mit Blick auf die Atemwegserkrankungen beschrieben habe."

23. März 2020 Virologe Christian Drosten ist einer der ersten Wissenschaftler in Deutschland, der die Maske befürwortet. Er sagt in seinem Podcast: „Je näher dran an der Quelle, desto besser. Deswegen muss die Maske an der Quelle sein und nicht am Empfänger." Wenn jeder eine Maske trägt, so Drosten, dann würde die Maßnahme anfangen, sehr viel Sinn zu ergeben.

30. März 2020 WHO-Nothilfedirektor Michael Ryan erklärt: „Unser Rat: Wir raten davon ab, Mundschutz zu tragen, wenn man nicht selbst krank ist."
In Österreich denken die Verantwortlichen hingegen bereits anders, Kanzler Sebastian Kurz verkündet die Maskenpflicht in Supermärkten.

31. März 2020 In Jena (Thüringen) gilt ab dem 6. April 2020: Maske auf! Es ist die erste deutsche Stadt, in der eine Maskenpflicht verabschiedet wird.

1. April 2020 In einem Interview mit der Zeitung Die Zeit bezeichnet es Virologe Prof. Alexander Kekulé als „fürchterlich", dass das RKI immer noch an dem Standpunkt festhalte, dass die Masken nichts brächten. Zum einen könne damit jede Person andere Mitmenschen schützen. „Zum anderen schützt man sich selbst. Nicht zu 100 Prozent, aber zu einem gewissen Grad."
Die Reaktion des Instituts folgt tatsächlich nur unmittelbar darauf. Wie aus dem Nichts ändert das RKI die bisherige Einschätzung um 180 Grad. Plötzlich heißt es, selbst eine einfache Schutzmaske könne das Risiko verringern, „eine andere Person durch Husten, Niesen oder Sprechen anzustecken." Auf der Homepage wird empfohlen: „Für die Bevölkerung empfiehlt das RKI das Tragen einer Mund-Nasen-Bedeckung in bestimmten Situationen im öffentlichen Raum."

4. April 2020 Andere Länder sind bezüglich der Maskenpflicht schon weiter. Die Probleme werden dadurch aber nicht kleiner. Manchmal tritt sogar das Gegenteil ein, wie der Blick auf die Philippinen zeigt. Dort greift ein 63-Jähriger in Nasipit im Süden des Landes einen Polizisten mit einer Sense an, nachdem dieser den Mann auf das verpflichtende Tragen einer Maske hingewiesen hatte. Der Beamte wird bei der Attacke getötet.

8. April 2020 Gesundheitsexperte Karl Lauterbach ist bei „Markus Lanz" zu Gast und schlägt tatsächlich vor, dass auch selbst gebastelte Masken aus Staubsaugerbeuteln getragen werden können. Der Konter der Staubsaugerbeutel-Hersteller folgt umgehend. So schreibt die Firma Swirl, dass es nicht zu empfehlen sei, „Staubsaugerbeutel für selbst gebastelte Schutzmasken zu verwenden." Die eingebauten Feinstaubfilter sind für Partikel bis zu minimal 0,3 Mikrometer ausgelegt, die Coronaviren haben allerdings nur eine Größe von 0,12 bis 0,16 Mikrometer und können somit schlicht und einfach durchrutschen. Hätte man als Experte durchaus vorab recherchieren können …

14. April 2020 „Das RKI empfiehlt ein generelles Tragen einer Mund-Nasen-Bedeckung in bestimmten Situationen im öffentlichen Raum als einen weiteren Baustein, um Risikogruppen zu schützen und den Infektionsdruck und damit die Ausbreitungsgeschwindigkeit von COVID-19 in der Bevölkerung zu reduzieren." Mit dem zusätzlichen Eingeständnis, dass „diese Empfehlung auf einer Neubewertung aufgrund der zunehmenden Evidenz beruht, dass ein hoher Anteil von Übertragungen unbemerkt erfolgt, und zwar bereits vor dem Auftreten von Krankheitssymptomen". Die Vorabveröffentlichung des RKI besagt in verständlichem Deutsch: Die Fälle, in denen Personen das Virus bereits in sich tragen, aber nichts davon spüren, treten immer häufiger auf. Deshalb gilt nun plötzlich doch eine größere Vorsicht.

15. April 2020 Tags darauf unterstreichen Kanzlerin Merkel und die Länderchefs die Neubewertung. Sie „empfehlen dringend" das Tragen einer Maske. Eine gesetzliche Maskenpflicht wird noch nicht ausgesprochen.

17. April 2020 Wie so häufig wird kurz danach in einem der Bundesländer eigene Sache betrieben. Sachsen prescht vor. Ministerpräsident Michael Kretschmer verrät in einer Fragestunde für Bürger im Internet, dass es für die Nutzung des öffentlichen Personennahverkehrs künftig nötig sei, eine Maske zu tragen. Kretschmer eindringlich dazu: „Wir brauchen Mundschutz, wir brauchen Nasenschutz. Da reicht im Zweifel auch ein Tuch, da reicht im Zweifel auch ein Schal."

22. April 2020 Selbst Gesundheitsminister Spahn lenkt nun ein: „Die wissenschaftliche Erkenntnis hat sich verändert. Deswegen macht es Sinn, Abstand zu halten, Hygieneregeln einzuhalten und in bestimmten Situationen auch Alltagsmasken zu tragen."

23. April 2020 Doch längst nicht alle denken so. Weltärztepräsident Frank Ulrich Montgomery mischt sich in die in Deutschland größtenteils beschlossene Maskenpflicht im Kampf gegen das Virus ein. Seine fadenscheinige Aussage lautet: „Ich trage selber eine Maske, aus Höflichkeit und Solidarität, halte eine gesetzliche Pflicht aber für falsch."

24. April 2020 Nun empfiehlt das RKI das Tragen einer Schutzmaske sogar in der Öffentlichkeit – als zusätzliche Maßnahme zu den ohnehin herrschenden Regeln. Die Alltagsmasken könnten „eine gewisse Verminderung der Virus-Ausscheidung bewirken", so Prof. Dr. Lars Schaade, Vizepräsident des Instituts.

29. April 2020 In ganz Deutschland herrscht fortan eine Maskenpflicht in den öffentlichen Verkehrsmitteln. Beim Einkaufen gilt diese ebenfalls. In Bezug auf das Strafmaß gibt es allerdings gewaltige Unterschiede. Während in Bayern Bußgelder von bis zu 5000 Euro fällig sein können, zahlen Maskenverweigerer in Berlin ganz genau: Null Cent.

Die Berliner Verkehrsbetriebe . Bild: Stephan Rehling

Exkurs: Befreiung von der Maskenpflicht? Kostet nur 17,43 Euro

„Sonst kommt Atemnot."

Es hat also ein wenig gedauert, bis auch die führenden Experten es erkannt haben. Aber dann wird die Maske das Schutzmittel schlechthin gegen eine Corona-Infektion. US-Präsident Joe Biden trägt sogar zwei Masken übereinander. Die Schutzwirkung sehen aber nicht alle so – auch eine Allgemeinmedizinerin aus Berlin nicht.

Ich mache den Test: „Wie leicht bekomme ich eine Befreiung von der Maskenpflicht?" Und mit welchem Grund sollte mich jemand mit einem solchen Attest versehen? Es gibt keine gesundheitlichen Beschwerden – ich habe 20 Jahre lang auf akzeptablem Niveau Fußball gespielt (drei- bis viermal Training in der Woche) –, keine schwerwiegenden Allergien. Nichts.

Dennoch, bereits am Telefon wird mir klar, wie einfach es funktionieren wird. Ich frage nach einem Termin, meine Hausärztin sei verhindert und schiebe offensiv die Frage nach der Maskenpflicht nach. Die Sprechstundenhilfe antwortet: „Das Attest für die Befreiung von der Mund-Nasen-Bedeckung? Na klar, machen wir. Kommen sie einfach in die Akut-Sprechstunde."

In der Praxis angekommen, hängt gut sichtbar ein Hinweis an die Patienten an der Wand: „Wenn Sie aus medizinischen Gründen Probleme haben, eine Mund-Nasen-Schutzmaske zu tragen, stellen wir Ihnen gerne ein Attest aus. Sprechen Sie uns einfach in der Sprechstunde an." Dann noch der Hinweis bezüglich der Kosten: 17,43

Euro nach der GoÄ Nr. 75, F. 2,3 (Anmerkung: *die Ge-bührenverordnung für Ärzte*). Es handelt sich also um ein offizielles Dokument, das sogenannte „große Attest".

Vor dem Eintritt ins Wartezimmer wird erst einmal die Temperatur gemessen: 36,4 Grad. Wie bereits gesagt, ich bin nicht nur in der Vergangenheit ziemlich gesund durchs Leben gegangen, sondern fühle mich auch zu dieser Zeit im Frühling 2020 bestens. Im Wartezimmer werden Abstände nicht sonderlich vorgeschrieben. Ich könnte mit meinem Nachbar problemlos Händchen halten. Immerhin tragen alle eine Maske – noch.

Dann werde ich ins Behandlungszimmer gerufen. Was habe ich eigentlich? Atemprobleme und Kopfschmerzen sind mit Blick auf die Maskenbefreiung wohl am cleversten. Gesagt, getan. Es folgt eine zehnminütige, ziemlich normale Beratung. Dann die entscheidende, von mir etwas zögerlich gestellte Frage: „Wie sieht es eigentlich mit dem Attest bezüglich der Maskenpflicht aus?" Die Ärztin antwortet, ohne zu zögern: „Das ist möglich, aber da benötigen wir schon einen medizinischen Befund." Kurzes Schweigen. Soll ich diesen als Patient etwa liefern? Die Ärztin hilft mir auf die Sprünge: „Asthma?" Ich tue mich schwer mit einer Diagnose, die so in 34 Jahren noch nie bei mir festgestellt wurde: „Naja, nicht wirklich, um ehrlich zu sein." Wieder ein kurzes Schweigen. Dann die Ärztin: „Panikattacken?" Puh …

Schließlich noch der Hinweis: „Also das kostet auch was." Ich bin ja schon bestens informiert, stelle mich aber unwissend: „Wie viel?" Die Ärztin: „17,49 Euro." Ich nicke, die sechs Cent Differenz zum regulären Attest-Preis ignorierend. Ein paar Augenblicke und Tastenschläge später habe ich das Dokument vor mir liegen.

Maschinell vorgefertigt, unterschrieben von der Allgemeinmedizinerin, mit ihrem offiziellen Stempel versehen. Auf dem Wisch steht: „Hiermit bestätige ich (Name
der Ärztin), dass es für Patient Adrian Rehling aus medizinischen Gründen unzumutbar ist, eine nicht-medi-
zinische Alltagsmaske oder eine vergleichbare Mund-
Nasen-Bedeckung im Sinne der SARS-CoV-2- Eindäm-
mungsmaßnahmenverordnung des Landes zu tragen."
Mit der Begründung: „Sonst kommt Atemnot." Noch
einmal zur Betonung: Ich bin gesund. Und nun trotzdem
aus medizinischen Gründen von der Maskenpflicht befreit. Angeblich.

Ob die Ärztin weiß, dass sie damit eindeutig gegen Paragraf 278 des Strafgesetzbuches verstößt? Dieser stuft
das Ausstellen unrichtiger Gesundheitszeugnisse als
strafbares Vergehen ein. Ich jedenfalls weiß, dass ich
dieses dubiose Attest nicht für voll nehmen kann – und
natürlich weiterhin die Maske tragen werde.

19. Mai 2020 In Spanien sind die Vorgaben deutlich strenger. Die Pflicht für den Mundschutz gilt nicht nur für alle öffentlichen Räume, sondern auch im Freien. Nämlich dann, wenn ein Abstand von zwei Metern zu anderen Personen nicht eingehalten werden kann.

2. Juli 2020 Texas führt als erster Bundesstaat in den USA die Maskenpflicht ein.

6. Juli 2020 Schreckliche Nachrichten werden aus Bayonne in Frankreich überbracht: Ein Busfahrer weist zwei Männer daraufhin, dass er sie ohne Maske nicht mitnehmen darf. Sie prügeln ihn daraufhin zu Tode.

17. Juli 2020 Angesprochen darauf, ob er eine US-weite Maskenpflicht für eine vernünftige Maßnahme halte, sagt US-Präsident Donald Trump: „Nein, ich möchte, dass die Menschen gewisse Freiheiten haben."

21. Juli 2020 Trump hat es sich scheinbar binnen weniger Tage anders überlegt und verkündet: „Ob Sie die Masken mögen oder nicht – sie haben eine Wirkung."

3. August 2020 Als erstes Bundesland startet Mecklenburg-Vorpommern in das neue Schuljahr. Erstmals seit den coronabedingten Schließungen Mitte März 2020 sollen die 152.000 Schülerinnen und Schüler wieder täglich zur Schule gehen. Auf den Fluren und dem Schulhof müssen sie eine Maske tragen, im Unterricht aber nicht. In Nordrhein-Westfalen gilt währenddessen an allen weiterführenden und berufsbildenden Schulen eine Mundschutzpflicht – auch im Unterricht.

15. August 2020 Auf den Philippinen wird es gesetzlich vorgeschrieben, dass am Arbeitsplatz und in den öffentlichen Verkehrsmitteln zusätzlich zu den Masken auch Plastikvisiere zu tragen sind.

29. August 2020 Bei einer Massendemonstration (Anmerkung: *„Sturm auf Berlin"*) sind in der deutschen Hauptstadt mehrere zehntausend Menschen auf den Straßen unterwegs – ohne Mindestabstand, viele von ihnen auch ohne Maske. Ein Demonstrant ruft Richtung TV-Kameras: „Ich habe noch nie eine Maske benötigt. Ich habe einen IQ von über 120. Das wurde mir zweimal bestätigt. Ich bin von der Maskenpflicht befreit."

3. September 2020 „Denke darüber nach, was passiert, wenn du COVID-19 bekommst", sagt ein Beamter in Indonesien zu einem Maskenverweigerer an seiner Seite. Dieser steht aber nicht etwa neben dem Polizisten, sondern liegt in einem offenen Sarg Probe. Die Strafe gibt es in der Hauptstadt Jakarta – zur Auswahl! Einwohner, die ohne Mund-Nasen-Bedeckung erwischt werden, können entweder eine Geldstrafe zahlen, gemeinnützige Arbeit ableisten oder eben eine Minute in einem Sarg Platz nehmen. Damit sollen Verweigerer der Maßnahme auf die möglicherweise tödlichen Konsequenzen ihres Handelns hingewiesen werden.

23. September 2020 In Kanada empfiehlt Dr. Theresa Tam, oberste Medizinerin des Landes, das Tragen einer Maske auch beim Sex. Wer Geschlechtsverkehr mit einer Person fernab des eigenen Haushalts habe, solle dabei einen Mund-Nasen-Schutz aufsetzen. Außerdem rät

Tam, auf Küsse zu verzichten. „Sex kann in Zeiten von COVID-19 kompliziert sein", so die Medizinerin. Mit dem Zusatz: „Die sexuelle Aktivität mit dem niedrigsten Risiko ist jene, an der nur Sie alleine beteiligt sind."

7. Oktober 2020 In ganz Italien wird der Ausnahmezustand bis Ende Januar 2021 verlängert. Damit einhergehend ist die landesweite Maskenpflicht im Freien. Bei Missachtung drohen zwischen 400 bis 1.000 Euro Strafe.

16. Oktober 2020 Während in Deutschland die Strafen weiterhin überschaubar bleiben, sieht das in Sri Lanka schon ganz anders aus. Wer sich im Kampf gegen das Virus nicht an die Maskenpflicht hält, dem drohen bis zu sechs Monate Haft – oder umgerechnet 46 Euro Geldbuße. Bei einem durchschnittlichen Monatseinkommen von 299 Euro überlegen sich die Einheimischen das definitiv zweimal.

24. Oktober 2020 Griechenlands einflussreichster Mann will seinen Landsleuten verdeutlichen, wie wichtig die Mund-Nasen-Bedeckung ist. Ministerpräsident Kyriakos Mitsotakis hebt die Maskenpflicht dabei auf eine andere Ebene: „Die Maske ist der Impfstoff, bevor es einen Impfstoff gibt."

4. November 2020 Fünfundzwanzigtausend Euro! Bis zu 25.000 Euro Strafe können Maskenverweigerern in Düsseldorf drohen. So steht es in der Allgemeinverfügung, die in Nordrhein-Westfalens Landeshauptstadt veröffentlicht wird.

18. Dezember 2020 Auch das sonst so Corona-Maßnahmen-liberale Schweden wagt sich an „strengere" Vorgaben. Dazu gehört unter anderem die Empfehlung (!), in öffentlichen Verkehrsmitteln eine Maske zu tragen. Mit Blick auf die schlimmen Infektionszahlen vor Ort besser gesagt: nur die Empfehlung …

17. Januar 2021 Knapp einen Monat ist es weltweit ruhig rund um die Masken-Debatte, ehe Bald-US-Präsident Joe Biden ein Zeichen setzt. Manche müssen zweimal hinschauen, aber es stimmt, Biden trägt tatsächlich zwei Masken übereinander.

19. Januar 2021 In öffentlichen Verkehrsmitteln und Geschäften ist in Deutschland von nun an das Tragen von medizinischen FFP2-Masken verpflichtend.

20. Januar 2021 Aus dem Ausland gibt es hingegen mal wieder eine kuriose Bestrafung. Auf Bali werden ausländische Gäste, die sich nicht an die Vorgaben zur Mund-Nasen-Bedeckung halten, mit sportlicher Betätigung bestraft. Wer ohne Schutzmaske erwischt wird, muss bis zu 50 Liegestütze absolvieren.

30. Januar 2021 Was unter Donald Trump nicht klappte, wird unter dem neuen Präsidenten Biden umgesetzt. Die US-Seuchenbehörde CDC ordnet das Tragen von Masken in öffentlichen Verkehrsmitteln an. Auch an den Verkehrsknotenpunkten wie Bushaltestellen oder Flughäfen sei der Schutz nun Pflicht.

Selbst die Freiheitsstatue bleibt in dieser Illustration nicht von der Maskenpflicht verschont. Bild: Alexandra_Koch

2. Februar 2021 In Berlin müssen von nun an alle (haushaltsfernen) Mitfahrer im Auto einen Mund-Nasen-Schutz aufsetzen.

28. Februar 2021 In mehreren Parks in Köln ist an Wochenenden und Feiertagen von 10 bis 22 Uhr eine Maskenpflicht vorgeschrieben. Wo diese Pflicht gilt, darf die Bedeckung auch zum Rauchen nicht abgenommen werden. Zum Essen und Trinken allerdings schon. Wer blickt da noch durch?

11. März 2021 „Mein Ansteckungspotenzial ist minimal!" Das weiß Prof. Hugo López-Gatell, Leiter der mexikanischen Corona-Politik, sehr exklusiv zu beurteilen. Und spaziert – trotz einer Coronavirus-Infektion – seelenruhig ohne Maske durch Mexiko-Stadt.

26. Juni 2021 Selbst am Strand mussten die Spanier über ein Jahr Maske tragen. Diese Pflicht endet an diesem historischen Samstag.

28. Juni 2021 Italien zieht zwei Tage später nach. Auch hier ist die Schutzmaske im Freien keine Pflicht mehr.

4. August 2021 In Texas wird es mit Corona vielerorts nicht so eng gesehen. Ein skurriler Beweis: Universitäten können gar eine Geldstrafe verhängt bekommen, wenn ungeimpfte Studierende von ihnen zum Tragen einer Schutzmaske aufgefordert werden.

17. Oktober 2021 Vier Fluggesellschaften SAS, Norwegian, Widerøe und Flyr verkünden, dass bei Flügen innerhalb Skandinaviens die Maskenpflicht entfällt.

2. November 2021 Die Maskenpflicht im Unterricht ist in mehreren Bundesländern Geschichte. Nordrhein-Westfalen macht den Anfang, Schleswig-Holstein zieht kurz darauf nach.

1. Dezember 2021 Nach nur vier Wochen wird die Anfang November weggefallene Maskenpflicht an Schulen in NRW wieder eingeführt. Es müssen erneut Masken getragen werden.

22. Dezember 2021 Aufgrund der drastischen Zunahme der Infektionszahlen führt Spanien die Maskenpflicht im Freien wieder ein.

17. Januar 2022 Erst kürzlich sollte die Maske ganz aus den deutschen Schulen verschwinden, jetzt ist sie in Hamburg sogar wieder beim Sportunterricht in der Turnhalle Pflicht.

10. Februar 2022 Am 26. Juni 2021 abgeschafft, am 22. Dezember 2021 wieder eingeführt, nun wieder abgeschafft – die Maskenpflicht im Freien in Spanien.

11. Februar 2022 Virologe Prof. Dr. Hendrik Streeck sagt es im Gespräch mit der Welt so deutlich wie selten jemand zuvor: „Eine FFP2-Maske reduziert das Risiko einer Ansteckung um 80 Prozent. Sie ist besser als eine Impfung."

3. April 2022 Die Maskenpflicht fällt deutschlandweit in vielen Bereichen, zum Beispiel beim Einkaufen, weg. Auch in den Schulen wird sie gestrichen, die Kultusminister schlagen einen „behutsamen Weg in die Normalität" vor.

8. Dezember 2022 Als erstes Bundesland schafft Sachsen-Anhalt die Maskenpflicht im öffentlichen Personennahverkehr ab. Ministerpräsident Reiner Haseloff begründet: „Wir haben faktisch eine Vollimmunisierung."

Exkurs: Wenn plötzlich der Geschmack verschwindet

„Kaffee? Schmeckt wie eine Mischung aus Eisen und Kot!"

Es gibt Dinge, die gehören einfach zusammen. So ist das zum Beispiel bei Nikola (Anmerkung: *Nachname auf Wunsch nicht veröffentlicht*) und dem Kaffee der Fall. Jedes Mal, wenn man sich mit ihm trifft, gibt es zuallererst ein koffeinhaltiges Getränk. Der 5. März 2020 soll das grundlegend ändern.

Nikola sitzt tags zuvor mit Arbeitskollegen zum Mittagessen beim Asiaten. Wie immer gibt es für ihn ein ordentlich gewürztes Gericht. Doch dieses Mal schmeckt es (scheinbar) nach nichts. Nikolas Kollegen finden das merkwürdig, können sehr wohl etwas schmecken. Also bitten sie ihn, an den intensiv duftenden Blumen in der Vase auf der Tischmitte zu riechen. Wieder nichts.

Er lässt sich testen. Corona positiv! Es kommen starke Kopfschmerzen und Konzentrationsschwäche hinzu. Später wird sich herausstellen, dass Nikola sich bei einem kurzen „Hallo" im Büro angesteckt hatte. Danach nimmt das schwere „Geruchs-Leiden" seinen vollen Lauf. Auch die Aussagen von Experten machen nur wenig Hoffnung. Dr. Kathrin Ohla, Leiterin der Arbeitsgruppe „Kognitive Neurophysiologie" am Forschungszentrum Jülich, sagt Mitte Juli 2020: „Wenn unsere Riechzellen zerstört werden, kann es tatsächlich passieren, dass wir dauerhaft anosmisch, also geruchsblind werden." Dies liege daran, dass das Virus auf die Riechzellen einwirke beziehungsweise auf die Zellen, die die

Riechzellen unterstützen. Es stört und zerstört diese. In der Nase sowie auf der Zunge können die Riechzellen dann keine Stimulation mehr erzeugen, fort sind Geruch und Geschmack. Laut Ohla sei aber „bei etwa der Hälfte der Betroffenen nach einem Monat der Geruch und Geschmack wieder zurückgekommen".

Und bei Nikola? Im September 2020 sind wir doch mal wieder zum Essen verabredet. Burger wird es geben, einen der besten der Hauptstadt. Medium rare, genauso, wie er es sich immer wünscht. Auch die beigefügten Süßkartoffelpommes sind geschmacklich ausgezeichnet. Für Nikola ist das aber nur ein schwacher Trost. „Es ist nicht ganz so schlimm", sagt er mit leiser Stimme. Und berichtet, wie drastisch es tatsächlich um seinen Geschmack sowie Geruch steht. „Kaffee? Schmeckt wie eine Mischung aus Eisen und Kot! Mir ist aktuell nur noch ein Prozent des Geruchs- und Geschmackssinns geblieben." Kaum vorstellbar, wie sich das für einen (ehemaligen) Kaffeeliebhaber anfühlen muss.

Er dokumentiert, wie die Riechwahrnehmung wiederhergestellt werden soll: „Zweimal am Tag rieche ich für je 20 Sekunden intensiv an vier verschiedenen Düften: Eukalyptus, Gewürznelke, Rose und Zitrone." Dieses Training soll sowohl in der Riechschleimhaut als auch im Gehirn für Wiedererkennungseffekte sorgen. In aller Regel gebe es nach einigen Monaten Fortschritte.

Bei Nikola ist dies aber selbst ein Jahr nach der Infektion noch nicht der Fall. Im März 2021 berichtet er: „Der Geruch ist relativ unverändert. Ich nehme zwar im Allgemeinen mehr wahr, aber ich weiß nicht, was es ist." Er könne zum Beispiel wieder etwas wie Urin riechen. „Nur riecht es eben nicht nach Urin, sondern nach Brot."

Erst weit nach der Erstinfektion, nämlich über zweieinhalb Jahre später, berichtet Nikola schließlich, dass der Kaffee nicht mehr nach einer Mischung aus Eisen und Kot schmecke. „Mittlerweile ist es Zigarettengeschmack." Was für einen Nichtraucher nicht unbedingt eine Verbesserung darstellt …

Der Experte ordnet die „Virus-Zukunft" ein

„Die Frage ist: Schaffen wir es, uns insofern aufzustellen,
dass wir in Zukunft besser vorbereitet sind
und zum Beispiel vulnerable Gruppen wie Ältere oder
Kinder besser schützen können?"

Warnen und Hoffnung machen zugleich? Das geht! Epidemiologe Hajo Zeeb hebt dennoch, bevor er große Erwartungen schürt, noch einmal mahnend den Finger und sagt: „Wir müssen akzeptieren, dass es in der Zukunft weitere Mutationen geben kann. Aber auch dann sollten wir mit einer gewissen Coolness an die Sache rangehen. Es bedarf einfach einer guten Überwachung des Virus und möglicher neuer Varianten."

Einen Begriff, der das Ende der Pandemie markieren sollte, sieht Zeeb längst überstrapaziert: „Die Herdenimmunität sollte auch in Zukunft nicht wie eine Monstranz vor sich hergetragen werden. Viel wichtiger ist das, was dieser Begriff wirklich aussagt. Nämlich, dass bei einem großen Teil der Bevölkerung eine Immunität vorliegt. So kann der R-Wert ständig unter 1 gehalten werden. Unter Idealbedingungen kommt es in einem solchen Fall zu einem Ende der Pandemie. Aufgrund der globalen Verbreitung, der Vielzahl an Mutationen und aufgrund der Menschen, die sich nicht impfen lassen wollen oder können, wird es ein solches Ideal nicht geben. Ein gewisses Restrisiko besteht also weiterhin. Aber es ist ein definitiv überschaubares Risiko." In vielen Ländern der Welt ist dieser – endemische – Zustand inzwischen annähernd erreicht.

Zu guter Letzt setzt Hajo Zeeb große Hoffnungen darauf, dass „wir aus der Pandemie etwas lernen. Eine der zentralen Fragen ist doch: Schaffen wir es, dass wir in Zukunft besser vorbereitet sind und zum Beispiel vulnerable Gruppen wie Ältere oder Kinder besser schützen können? Beispielsweise vor Infektionen oder monatelangen Schulschließungen? Wenn dies gelingt, können wir auf ein – mit ganz wenigen Abstrichen – normales Leben blicken. Ich sehe definitiv sehr helles Licht am Ende des Tunnels."

Ausblick - Ein Leben mit Corona

„Wir haben gelernt, mit dem Virus zu leben."

Corona ist plötzlich ein Teil unseres Lebens geworden. Und Corona wird – vorerst – ein Teil unseres Lebens bleiben. Aber, und das als gute Nachricht vorweg, das nicht greifbare und lange Zeit unbeherrschbare Virus bekommt seine Grenzen aufgezeigt. Durch die Medizin, aber vor allem auch die Disziplin der Menschen.

Corona verschwindet nicht komplett, aber die Risiken und Gefahren werden – im erwünschten Normalfall – schwindend gering. Deshalb sagt Dr. Artur Derksen, ehemals Facharzt im Klinikum Bielefeld: „Wir haben gelernt, mit dem Virus zu leben. Es wird immer mal wieder Infektionen geben, aber die schweren Verläufe sind mittlerweile - zum Glück - überschaubar." Eine Aussage, die einst unerträglich gewesen wäre. Mit dem Virus zu leben, hätte noch Ende 2020 geheißen: Mit vielen einschränkenden Maßnahmen zu leben, Abstand zu Freunden und Familie zu halten, nahezu überall Maske zu tragen. Aber auch mit all den Ängsten und Risiken klarzukommen. Faktoren, die – trotz des Restrisikos von Virus-Mutationen – von Tag zu Tag kleiner werden.

Dass wir inzwischen wieder von einem „normalen Leben" sprechen können, ist ein Verdienst aller Beteiligten. Der Impfstoff-Entwickler, der Menschen, die sich überwiegend an die Corona-Maßnahmen gehalten haben, aber auch der Politiker, die in den vorangegangenen Buch-Zeilen sicherlich nicht immer gut weggekommen sind. Der Weg bis zu diesem Punkt war mit vielen großen Hindernissen gepflastert, mit untröstlichen Schicksalen, mit einigen Geschehnissen, die sich nie wieder rückgängig machen lassen. Doch die Menschheit hat nun die große Chance, aus der schlimmen Corona-Pandemie zu lernen. Als „Wir"!

Denn es geht weiter, unter anderem mit den Fragen: Wie können die anderen Länder, die ärmeren Nationen, wie zum Beispiel der Großteil der Länder auf dem afrikanischen Kontinent, mit ausreichend Impfstoffen versorgt werden? Welche Hilfsgüter, wie beispielsweise Schnelltests, sind darüber hinaus dort Mangelware und können unterstützend von „uns" zur Verfügung gestellt werden? Da diese Regionen entscheidend hinter den finanzstarken Nationen hinterherhinken, wird das Virus auch in Zukunft noch präsent sein. Nur eben nicht mit dieser ungeheuren Wucht unmittelbar vor unseren Augen.

Trotzdem gilt es, auch in den Zeiten der hoffentlich nicht mehr wiederkehrenden Lockdowns daran zu arbeiten, was das Virus aufgezeigt hat. Speziell mit Blick auf die deutschen Belange heißt dies, dass die Digitalisierung weiter vorangetrieben werden muss. Zu übertragende Infektionszahlen via Faxgerät, Zettelwirtschaften bei Impfausweisen und regelmäßig abstürzende Online-Lernplattformen des Schulsystems müssen ein für alle Mal der Vergangenheit angehören.

Und zu guter Letzt wird es darum gehen, als Gesellschaft wieder enger zusammenzurücken. Fortan gilt es noch viel mehr, nicht nur auf sich selbst zu schauen, sondern den Blick auch nach rechts und links zu schwenken. Initiativen wie groß angelegte Hilfen über Nachbarschafts-Apps können als Anfang für ein besseres „Wir", für ein vernünftigeres Miteinander genommen werden. Denn eines hat die Pandemie ganz besonders aufgezeigt: Nichts ist stärker als ein starker Zusammenhalt in unseren geliebten Familien, eine vertrauensvolle Freundschaft unter Freunden und ein rücksichtsvolles Miteinander mit unseren Mitmenschen.

Exkurs: Das wünschen sich unsere Protagonisten für die Zukunft

Alexandra Bärenfeldt aus Indien.

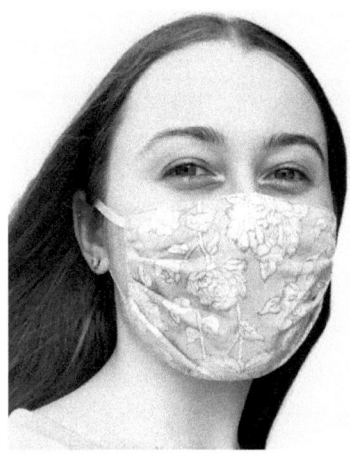

Corona-Erkrankung Ja. Eine Infektion.

Impfung BioNTech/Pfizer.

Corona-Einschätzung „Ich finde das Virus mit seinem Symptomen und den Krankheitsverläufen mittlerweile weniger beängstigend als die Spaltung, die Corona in der Gesellschaft verursacht hat."

Wünsche für die Zukunft „Die Pandemie hat ewig erscheinende Monate viele Familien, Freunde und Liebende getrennt. Ich hatte das Gefühl, nicht als Mensch, sondern als Nummer behandelt zu werden. Sicherlich waren Ämter und Botschaften überfordert, aber geht es nicht allen so? Freundlichkeit und Respekt haben noch nie etwas gekostet und werden es auch zukünftig nicht."

Luis Bengsch aus Deutschland.

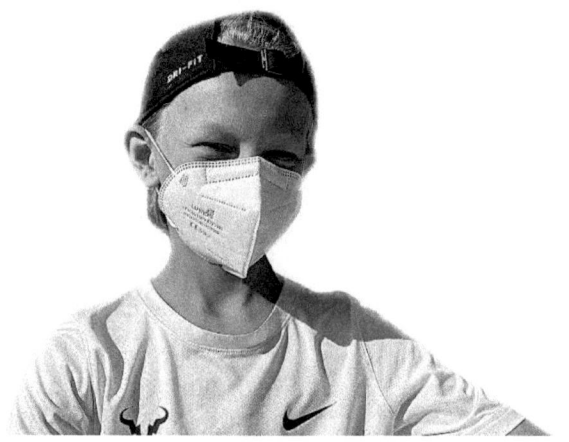

Corona-Erkrankung Ja. Eine Infektion.

Impfung Nein. Ich sollte geimpft werden, aber es waren keine „Kinder-Dosen" verfügbar.

Corona-Einschätzung „Erst einmal bin ich froh, dass die Infektion bei meinem Bruder keinen schlimmen Verlauf hatte. Corona ist immer noch nervig, speziell wegen der Masken. Diese wurden aber zum Glück mittlerweile in der Schule abgeschafft. Es war wirklich anstrengend, sich damit stundenlang zu konzentrieren."

Wünsche für die Zukunft „Ich habe mir sehr lange gewünscht, Oma und Opa wiederzusehen. Sie haben einen ziemlich großen Balkon, da konnten wir uns immerhin zwischendurch mit Abstand unterhalten. Aber wir durften ihnen lange Zeit auf gar keinen Fall näher kommen. Meine Oma ist schwer erkrankt und Risikopatientin. Da habe ich mich damals schon gefragt: ‚Wird es irgendwann mal wieder so sein wie vorher‘? Jetzt wünsche ich mir einfach, dass alle Menschen Corona so gut wie eben möglich überstehen und wir bald wieder eine glückliche Welt haben."

Edgar Bernhardt aus Kirgistan.

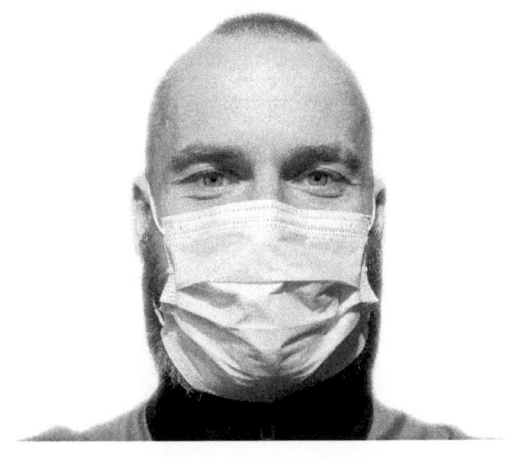

Corona-Erkrankung Nein.

Impfung BioNTech/Pfizer. „Ich bin ganz ehrlich: Es war mehr oder weniger Zwang. Ich hatte Vertragsangebote aus Indonesien sowie Malaysia, aber man kam zu dem Zeitpunkt nur geimpft in die Länder. Nach den Impfungen hatte ich erhebliche Probleme, litt unter extremen Herzrhythmusstörungen und musste zwei Monate lang ein Medikament einnehmen, das offiziell auf der Dopingliste steht."

Corona-Einschätzung „Kirgisistan ist das Nachbarland von China – und dort gab es, als ich vor Ort war, nahezu keine Fälle? Wir haben normal gelebt, es wurde nicht einmal über die Krankheit geredet. Ich glaube natürlich, dass es Corona gibt. Aber nicht, dass es so dramatisch ist, wie lange Zeit von vielen Menschen behauptet."

Wünsche für die Zukunft „Ich würde mir wünschen, dass sich die Politiker endlich mal mehr für die Menschen einsetzen. Es geht ihnen immer nur ums Geld, nur selten um die Gesundheit ihrer Bürger. Allgemein hoffe ich, dass jeder wieder Freude am Leben bekommt. Lange Zeit haben viele nur gelebt, weil sie ja irgendwie müssen. So richtig Spaß hat aber kaum jemand gehabt. So eine Phase erleben wir hoffentlich nie wieder."

Lauro Böni aus der Schweiz.

Corona-Erkrankung Nein.

Impfung Moderna.

Corona-Einschätzung „Ich bin so richtig coronamüde. Bedeutet zum Beispiel, dass ich allen Informationen bewusst aus dem Weg gehe und versuche, diese Thematik zu verdrängen. Was aber natürlich nicht immer gelingt. Ich bin der Meinung, dass wir dieses Virus weiterhin mit dem notwendigen Respekt behandeln sollten."

Wünsche für die Zukunft „Ich hoffe einfach, dass Corona – am besten zeitnah – Geschichte ist."

Björn Bussmann aus Spanien.

Corona-Erkrankung Nein.

Impfung BioNTech/Pfizer.

Corona-Einschätzung „Ich sehe Corona mittlerweile nicht mehr ganz so kritisch. Auch wenn ich natürlich weiß, dass viele Menschen noch immer an den Folgen der Infektion leiden und noch länger leiden werden. Das tut mir natürlich extrem leid für sie. Deshalb müssen wir als Gesellschaft umso mehr dafür sorgen, dass wir auf uns und unsere Umgebung aufpassen."

Wünsche für die Zukunft „Ich wünsche mir für jede Person, die Corona hatte, eine allumfassende Genesung ohne Folgeschäden."

Claudia Castelli aus Italien.

Corona-Erkrankung Nein.

Impfung 2x BioNTech/Pfizer, 1x Moderna (1/2 Dosis).

Corona-Einschätzung „Ich finde Corona nicht mehr so dramatisch wie einst noch, will es aber natürlich trotzdem nicht bekommen. Alleine, weil man dann immer noch für einige Tage in Quarantäne muss – selbst, wenn es einem gutgeht. Aus meiner Sicht sind eher die undurchsichtigen und überall unterschiedlichen Regeln das Problem, als das Virus selbst."

Wünsche für die Zukunft „Ich hoffe inständig, dass das Virus schwächer und schwächer wird und zu einem normalen Risiko wie andere Influenza wird. Aber es ist eigentlich völlig egal, wann wieder eine gewisse Normalität einkehrt, wir werden immer im Hinterkopf behalten, dass nichts mehr selbstverständlich ist. Diese Pandemie wird uns für immer verändern."

Artur Derksen aus Deutschland.

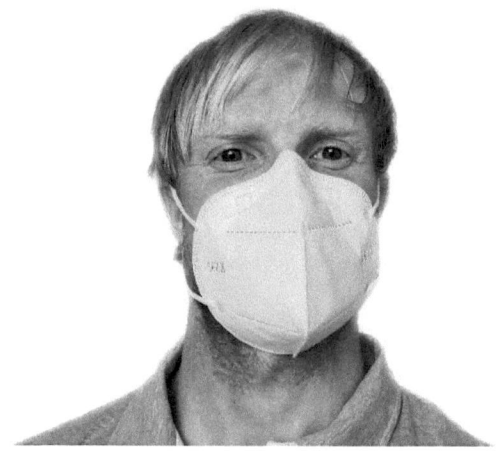

Corona-Erkrankung Ja. Eine Infektion.

Impfung BioNTech/Pfizer.

Corona-Einschätzung „Durch die Impfung hat das Virus seinen Schrecken verloren. Es bleibt trotzdem abzuwarten, was Long-COVID bzw. Post-COVID für Auswirkungen haben wird. Diese Unbekannten bereiten mir schon Sorgen."

Wünsche für die Zukunft „Gesundheit, reisen, Freunde treffen. Ich hoffe, dass wir aus dieser Krise lernen. Durch die Pandemie wurden Probleme offengelegt, die gleichzeitig aber auch eine Chance bieten. Zum Beispiel, was Nachbesserungen im Bereich der Digitalisierung in Schulen, Krankenhäusern und Gesundheitsämter betrifft. Außerdem muss der Pflegenotstand ernst genommen und deutlich thematisiert werden."

Clemens Fritz aus Deutschland.

Corona-Erkrankung Ja. Zwei Infektionen

Impfung Ja.

Corona-Einschätzung „Wir alle sollten bezüglich des Virus sensibilisiert sein und uns dementsprechend verhalten. Heißt zum Beispiel, dass wir verantwortungsbewusst mit auftretenden Symptomen umgehen. Jeder Einzelne hat da eine Verantwortung für seine Mitmenschen und sich selbst zu tragen."

Wünsche für die Zukunft „Am meisten wünsche ich mir für alle Kinder der Welt, dass sie ihre Kindheit so uneingeschränkt leben können, wie sie es verdient haben. Und natürlich hoffe ich für uns alle auf eine Rückkehr zur Normalität. Dass wir uns wieder komplett frei bewegen können und Corona nicht mehr das allgegenwärtige Thema ist."

Phil Gaskell aus Großbritannien.

Corona-Erkrankung Ja. Eine Infektion.

Impfung Nein. „Ich bin nicht geimpft und lehne die Impfung auch weiterhin ab. Mehrfach war ich von Personen umgeben, die positiv waren, hatte selbst aber nichts. Meine Infektion war auch nicht schlimm. Irgendwie muss es also Antikörper in manchen Menschen geben. Wenn die Regierung mir einen Test anbieten würde, der zeigt, ob ich immun bin oder nicht, dann nehme ich ihn gerne an. Wenn ich nicht immun sein sollte, könnten wir nochmal drüber sprechen. Aber ich verstehe einfach nicht, warum ich mich gegen etwas impfen lassen soll, wogegen ich vielleicht längst immun bin. Zumindest gegen eine mögliche Schwere der Erkrankung."

Corona-Einschätzung „Ich bin trotz meiner Impf-Sichtweise natürlich nicht naiv und leugne das Virus. Corona gibt es. Es ist nur nicht so schlimm."

Wünsche für die Zukunft „Wir haben ein bisschen Freiheit zurückbekommen, aber es gibt immer noch Restriktionen. Hoffentlich können diese in den kommenden Monaten aufgehoben und wir alle wieder die Dinge unternehmen, die wir gerne unternehmen. Ich rate einfach allen Menschen: Nehmt jeden Tag wie einen Bonus. Denn wie wir gesehen haben: Es kann alles passieren."

Lua Gisler aus Australien.

Corona-Erkrankung Ja. Eine Infektion.

Impfung BioNTech/Pfizer. „Diese ganze Impf-Debatte war ein fürchterliches Erste-Welt-Problem. Hauptsache, man kann sich über etwas beschweren. Menschen in vielen anderen Ländern würden sich sehr glücklich schätzen, wenn sie überhaupt eine Möglichkeit hätten."

Corona-Einschätzung „Mittlerweile sehe ich Corona als eine normale Krankheit, weil wir die gut funktionierende Impfung haben."

Wünsche für die Zukunft „Ich wünsche mir, dass wir weiterhin normal reisen können und soziale Aktivitäten wie Tanzen, Singen, Feiern wieder regelmäßiger Bestandteil unseres Alltags werden."

Hendrik Helmke aus Brasilien.

Corona-Erkrankung „Es scheint so. Ich musste bei der Ankunft in Brasilien einen Bluttest machen. Laut Ergebnis hatte ich das Virus wohl in mir. Aber ich war nicht krank, muss daher asymptomatisch gewesen sein."

Impfung Ja.

Corona-Einschätzung „In Brasilien hat es sich mit der Zeit irgendwann sehr normal angefühlt. Ich denke, dass das in Deutschland so (bald) auch der Fall sein wird."

Wünsche für die Zukunft „Ich hoffe, dass wir an einer gewissen Normalität festhalten könnten, dass die Menschen wieder geregelt arbeiten dürfen und zu ihrer Routine zurückkommen. Besonders in Brasilien gehen viele Personen zugrunde, kämpfen gegen die absolute Armut. Das sind ganz, ganz tragische Geschichten. Während so einer Pandemie merkt man eben, wie unwichtig einige Sachen sind, für die man sich vorher interessiert hat. Jetzt wissen wir alle, dass Gesundheit das höchste Gut ist. Dass man reisen kann, dass man sich frei bewegen kann – all das war vorher selbstverständlich. Auch, was die Hygienestandards angeht, werden wir hoffentlich alle etwas aus der Zeit mitnehmen und die Zeichen der Natur verstanden haben."

Renée Hilla aus Deutschland.

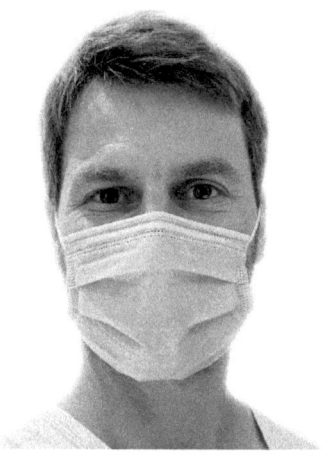

Corona-Erkrankung Ja. Eine Infektion.

Impfung BioNTech/Pfizer.

Corona-Einschätzung „Corona ist medial etwas ins Hintertreffen geraten, von daher hat man gefühlt ein wenig den Bezug zu dieser Krankheit verloren. Allerdings ist es aus meiner Sicht weiterhin gefährlich. Trotz der Tatsache, dass knapp über 70 Prozent vollständig geimpft sind, lässt die Impfung die Gesellschaft mehr oder weniger selber entscheiden, wie ernst man es selbst noch nimmt. Die Politik kann nicht weiter der Buhmann der Nation sein. Daher finde ich es richtig, dass jeder quasi selbst entscheiden darf, wie er mit Corona umgeht."

Wünsche für die Zukunft „Ich wünsche mir, dass die Menschen durch Corona reumütiger werden und erkennen, wie gut es uns besonders in Deutschland geht. Uns scheint im Vergleich zu vielen anderen Ländern die Sonne aus dem Allerwertesten. Als Gesamtschullehrer habe ich vor allem die vielen Kinder im Blick. Ich kann dabei lediglich von den Kindern und Jugendlichen reden, welche ich unterrichte – auf diese bin ich unglaublich stolz. Ihnen fehlte lange Zeit jeglicher sozialer Kontakt zu Gleichaltrigen, in dem Alter ist das neben der Bildung das wichtigste Gut überhaupt. Viele knüpfen in der Schule neue Freundschaften, lernen mit Streitereien sowie Meinungsverschiedenheiten umzugehen und haben Kontakt mit Kindern aus den verschiedensten sozialen Schichten. Grundlegende Erfahrungen und Prozesse für das gesamte Leben, die mindestens genauso wichtig sind wie die Bildung selber.

Ich werde sauer und traurig, wenn ich sehe, dass sich Schüler zu Hause hinsetzen, oftmals alleine lernen und Aufgaben einreichen müssen, alles fernab der zuvor genannten und ungemein wichtigen zwischenmenschlichen Prozesse. Viele Schüler benötigen zudem die Unterstützung der und Beziehung zur Lehrperson, fordern sie ein und schätzen sie auch. Aber all das fiel wegen Corona für einen viel zu langen Zeitraum weg. Währenddessen posteten andere egoistische Menschen Bilder von Kreuzfahrten, zappelten auf Underground-Partys rum oder umgingen die Regeln auf dumme Art und Weise. Wieso schaffen es die Kinder, sich größtenteils an die Vorgaben zu halten, aber vermeintlich gestandene Erwachsene nicht? Da erhoffe ich mir einfach mehr Demut und Eigenverantwortung in der Zukunft."

Saskia Hippe aus Griechenland.

Corona-Erkrankung Ja. Eine Infektion.

Impfung 2x Moderna, 1x BioNTech/Pfizer.

Corona-Einschätzung „Ich beschäftige mich im Prinzip gar nicht mehr damit. Es hat mir ehrlich gesagt nie wirklich Angst gemacht. Und nun fühlt es sich so an, als sei es allmählich und endlich vorbei."

Wünsche für die Zukunft „Ich hoffe einfach nur, dass wir bald in jeder Hinsicht wieder normal leben können.

Tino Jaugstetter aus Kasachstan.

Corona-Erkrankung Ja. Zwei Infektionen.

Impfung BioNTech/Pfizer.

Corona-Einschätzung „Ich finde die Situation nicht mehr so dramatisch wie einst. In Kasachstan herrscht schon länger ein völlig normales Leben. Aus meiner Sicht waren eher die undurchsichtigen und unterschiedlichen Regeln das Problem, als das Virus selbst."

Wünsche für die Zukunft „Ich hoffe, dass das Virus zu einer gewöhnlichen Influenza wird. Dann können wir das Thema bald beenden."

Josef Kilit aus Schweden.

Corona-Erkrankung Ja. „Ende Februar 2021 bin ich erkrankt, lag drei Tage in der Klinik und musste mit zusätzlichem Sauerstoff versorgt werden."

Impfung BioNTech/Pfizer.

Corona-Einschätzung „Ich bin auch heute noch, wie vor zwei Jahren, überzeugt davon, dass wir schlecht vorbereitet waren und es noch immer sind. Deshalb mussten so viele Menschen sterben. In Schweden sind die meisten Personen in Altersheimen verstorben, weil das Personal dort keinen ausreichenden Schutz hatte – oder einfach keine ausreichende Qualifikation."

Wünsche für die Zukunft „Ich wünsche mir, dass meine Lieben gesund bleiben und wir irgendwann ein Leben ohne Corona leben können. Das neue ‚Normal' wird ein etwas anderes sein, als wir es bisher kennen. Dennoch wird es aber hoffentlich ein ‚Normales' sein, mit dem wir alle einigermaßen leben können."

Ivan Klasnić aus Deutschland.

Corona-Erkrankung Ja. Eine Infektion. „Ich war völlig symptomfrei."

Impfung Ja.

Corona-Einschätzung „So langsam sollte Schluss sein mit der Panikmache. Das Virus wird schwächer – und das ist auch gut so."

Wünsche für die Zukunft „Ich wünsche mir einfach, dass noch mehr Normalität einkehrt. Aber genauso wichtig ist es auch, dass wir aus dieser Zeit einiges mitnehmen. Es ist doch zum Beispiel kein Problem, im Flugzeug oder Bahn eine Maske zu trägen, um sich und andere zu schützen. Am Strand muss das nicht unbedingt sein, mit dem Kind auf dem Spielplatz ebenfalls nicht. Denn für Kinder ist es einfach komisch, den Eltern nicht ins Gesicht schauen zu können. Darum ist es wichtig, dass sich alle respekt- und rücksichtsvoll verhalten."

Martin Lewicki, Weltreisender.

Corona-Erkrankung Ja. Drei Infektionen.

Impfung 2x BioNTech/Pfizer, 1x Moderna.

Corona-Einschätzung „Ich empfinde Corona nicht mehr als gefährlich. Nach mehrfacher Infektion und dreifacher Impfung ist es für mich ein Infekt wie jeder andere geworden. Natürlich achte ich auf hygienische Maßnahmen und halte mich an die Regeln, die im jeweiligen Land vorgeschrieben sind. Mehr aber auch nicht."

Wünsche für die Zukunft „Ich wünsche mir, dass sich die Welt in ein bis zwei Jahren wieder normal dreht und Corona dann nur noch eine böse Erinnerung sein wird."

Alexandra Melendez aus Deutschland.

Corona-Erkrankung Nein.

Impfung BioNTech/Pfizer. „Die dritte Impfung hat mich ehrlich gesagt total umgehauen. Ich hatte mit sehr starken Impfnebenwirkungen zu kämpfen."

Corona-Einschätzung „Ich bin einfach verunsichert, ob das alles die ganze Zeit über so richtig gewesen ist. Ich selbst hatte halt noch kein Corona, bei Freunden und Bekannten waren es zwar sehr unschöne grippeähnliche Erkrankungen, mehr aber auch nicht. Ich will das alles definitiv nicht verharmlosen, aber über-dramatisieren macht ebenfalls wenig Sinn."

Wünsche für die Zukunft „Ich habe nur den Wunsch, dass alle gesund bleiben – und bei gesundem Verstand."

Melanie P. aus Deutschland.

Corona-Erkrankung Ja. Eine Infektion.

Impfung BioNTech/Pfizer. „Aufgrund meiner Chemotherapie musste ich erst warten, bis sich mein Blutbild normalisiert hatte, damit der Impfstoff auch seine volle Wirkung entfalten konnte. Ich hatte Glück, dass zeitlich alles sehr gut gepasst hat, sodass meine Hausärztin mich mit dem Impfstoff versorgen konnte."

Corona-Einschätzung „Alleine wegen der Langzeitfolgen finde ich Corona immer noch seltsam. Wir wissen alle nicht so genau, was da auf uns zukommt."

Wünsche für die Zukunft „Ich hoffe, dass wir aus der Zeit der Pandemie viel gelernt haben. Und wünsche mir von einigen Menschen mehr Empathie, Verständnis und weniger Egoismus. Heißt unter anderem: Dass diejenigen, die sich selbst Freiheit und Selbstbestimmung wünschen, anderen diese nicht absprechen oder sie gar noch diskriminieren, wenn sie zum Beispiel Masken in der Öffentlichkeit tragen."

Dennis Pötting aus Deutschland.

Corona-Erkrankung Ja. Zwei Infektionen.

Impfung BioNTech/Pfizer.

Corona-Einschätzung „Corona ist und bleibt ein Teufelszeug. Wir sollten nicht den Fehler machen und damit im Alltag zu lasch umgehen. Wenn es nicht irgendwann zuverlässig wirkende Medikamente gibt, hat das Virus nicht nur mein Leben zerstört, sondern vermutlich auch vieler Kinder und anderer Erwachsener."

Wünsche für die Zukunft „Die Krankheit muss von allen Politikern und Ärzten ernst genommen werden. Dementsprechend wünsche ich mir, dass auch in der kommenden Zeit penibel darauf geachtet wird, dem Virus aufmerksam und entschlossen entgegen zu treten. Außerdem sollten ausreichend finanzielle Mittel für die Forschung sowie zur Unterstützung für Corona-Patienten und deren Familien bereitgestellt werden."

Marcel Schiller aus Deutschland.

Corona-Erkrankung Ja. Eine Infektion.

Impfung BioNTech/Pfizer.

Corona-Einschätzung „Es ist einfach ein Virus, das sich nicht einschätzen lässt. Ich hatte zum Beispiel starke Symptome, zum Glück aber nur von kurzer Dauer. Im Bekanntenkreis habe ich aber auch einige Personen, die mit Long-COVID-Symptomen zu kämpfen haben. Deshalb habe ich immer noch Respekt."

Wünsche für die Zukunft „Ich wünsche mir, dass wir weiter in ein normales Leben zurückkehren können, ohne direkt bei jedem Niesen oder Husten daran zu denken, dass es Corona sein könnte. Außerdem wünsche ich mir, dass durch diese ganze Geschichte mit dem Virus einfach mal wertgeschätzt wird, wie gut es einem geht."

Fred Sosa aus den USA.

Corona-Erkrankung Nein.

Impfung BioNTech/Pfizer.

Corona-Einschätzung „Meine Gefühle haben sich im Laufe der Zeit ein wenig verändert. Es ist verrückt, denn Corona kostet immer noch (zu vielen) Menschen Tag für Tag das Leben und zwingt uns, in diesem ‚New Normal' zu leben. Aber zur gleichen Zeit habe ich auch das Gefühl, dass wir uns in einer viel besseren Situation befinden als zu Beginn der Pandemie."

Wünsche für die Zukunft „Im Idealfall sehnen wir doch alle ein Ende des Chaos herbei, das Corona verursacht hat. Realistisch gesehen wünsche ich mir einfach etwas mehr Sicherheit und Normalität in der Zukunft."

Christine Sperling aus Österreich.

Corona-Erkrankung Ja. „Mich hat es umgehauen."

Impfung BioNTech/Pfizer.

Corona-Einschätzung „Wir sollten weiterhin aufpassen. Besonders ältere Menschen oder vorerkrankte Personen können bei einem schweren Verlauf unglaubliche Schwierigkeiten bekommen. Ich habe es am eigenen Leib zu spüren bekommen, obwohl ich eigentlich topfit und vollständig geschützt bin. Wir dürfen einerseits nicht zu leichtsinnig werden, andererseits ist eine gewisse Normalität ebenso wichtig."

Wünsche für die Zukunft „Ich hoffe, dass wir das Virus insofern in den Griff bekommen, damit keine Menschen mehr sterben müssen."

Jan-Lennard Struff aus Deutschland.

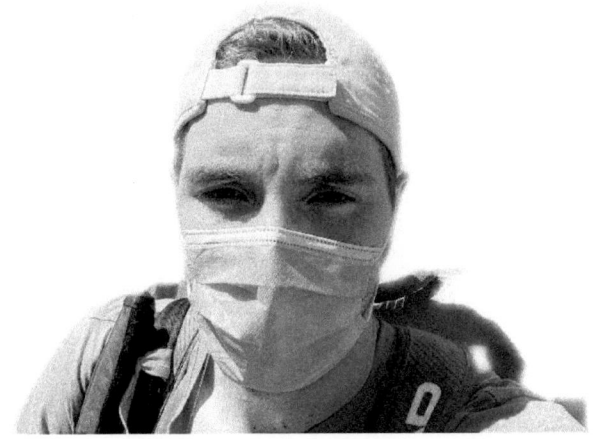

Corona-Erkrankung Ja. Eine Infektion.

Impfung BioNTech/Pfizer.

Corona-Einschätzung keine Angabe.

Wünsche für die Zukunft „Ich wünsche mir ein normales Leben. Für alles und jeden."

Alexander Thoss aus Deutschland.

Corona-Erkrankung Ja. Zwei Infektionen.

Impfung BioNTech/Pfizer.

Corona-Einschätzung „Wir kehren Schritt für Schritt Richtung ‚neue Normalität' zurück. Dennoch empfinde ich es weiterhin als wichtig, dass sich alle umsichtig verhalten und Rücksicht auf ihre Mitmenschen nehmen. Getreu dem Motto: Gemeinsam sind wir stark."

Wünsche für die Zukunft „Meine große Hoffnung ist, dass die Menschen jede Person so leben lassen, wie es ihr Recht ist. Wenn also jemand beim Einkaufen oder in der Bahn eine Maske tragen will, dann lasst diese Person doch bitte eine Maske tragen. Wie gesagt: Ich wünsche mir vor allem wieder mehr Verständnis für- und Rücksicht aufeinander."

Lennart Thy aus der Niederlande.

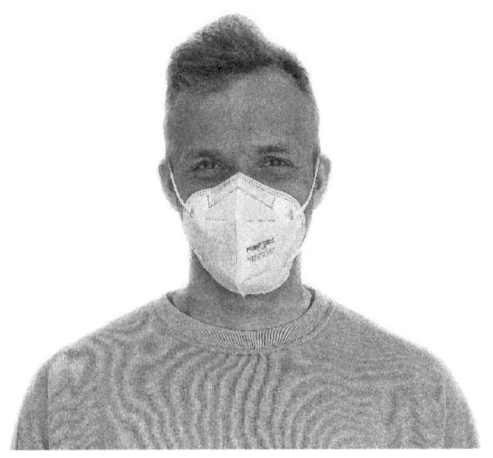

Corona-Erkrankung Ja. Eine Infektion.

Impfung BioNTech/Pfizer.

Corona-Einschätzung „Da ich aus medizinischer Sicht alles dafür getan habe, um bestmöglich geschützt zu sein, bin ich privat mittlerweile echt entspannt. Meine Familie und ich wollen uns einfach nicht wieder so sehr abschotten (müssen). Ein Restrisiko bleibt sowieso, aber das nehmen wir nun reinen Gewissens in Kauf."

Wünsche für die Zukunft „Eigentlich ist es schon etwas abwegig, dass es einer so schweren Pandemie bedarf, um sich der wirklich wichtigen Dinge im Leben wieder bewusst zu werden. Diese Zeit hat mir jedenfalls gezeigt, wie wichtig Gesundheit und soziale Kontakte sind. Auch wenn das natürlich nicht umsetzbar ist, wünsche ich mir Gesundheit für alle und dass jeder wieder ein normales Leben führen kann. Ich möchte auch in Zukunft meine Liebsten umarmen können, ohne darüber nachdenken zu müssen."

Katrin von der Weppen aus Südafrika.

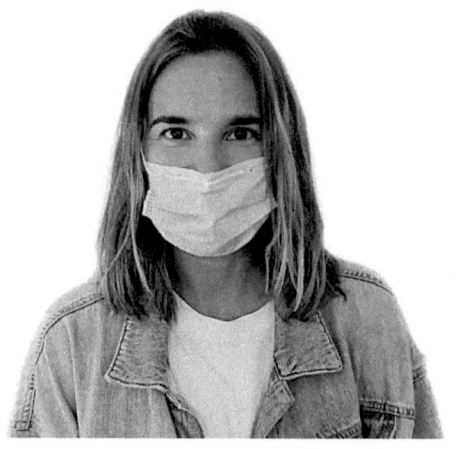

Corona-Erkrankung Ja. Zwei Infektionen.

Impfung 1x Johnson & Johnson, 1x BioNTech/Pfizer.

Corona-Einschätzung „Da bin ich ganz ehrlich: Ich sehe Corona wie eine gewöhnliche Grippe. Allerdings bin ich auch von meinen Eindrücken und Freunden in Südafrika geprägt, dort wird das alles sehr locker gesehen. Zumal wir in Kapstadt – zum Glück – nicht immer die furchtbare, tägliche Berichterstattung wie zum Beispiel in Deutschland um die Ohren haben."

Wünsche für die Zukunft „Ich wünsche mir, dass wir der Natur wieder mehr Beachtung schenken und uns um sie kümmern. Denn das war eine der wenigen positiven Nebenwirkungen von Corona: Weniger Umweltbelastung durch Flugzeug- und Autoverkehr. Außerdem hoffe ich, dass wir weiterhin ohne Masken unterwegs sein dürfen. Ich habe all die lächelnden Münder der Menschen vermisst."

Viktor Wegener aus Deutschland.

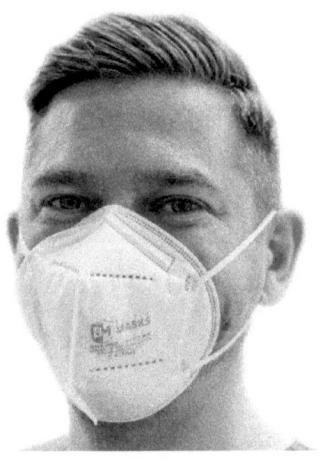

Corona-Erkrankung Nein.

Impfung „Jeder bei uns zugelassener Impfstoff ist ein guter Impfstoff. Also ja, ich bin natürlich geimpft."

Wünsche für die Zukunft „Ich wünsche mir, dass wir alle gesund sind und bleiben. Aber auch, dass wir aus der Pandemie lernen. Zum Beispiel ist die Digitalisierung ein sehr wichtiges Thema. Ganz ehrlich: Ich kann keine Faxe mehr sehen. Wir müssen auf vielen Ebenen nachhaltiger agieren. Der Umwelt zuliebe, auch für unsere Kinder. Es muss einfach ein Umdenken einsetzen. Zum Beispiel in Bezug auf unsinnige Dienstreisen. Deshalb hoffe ich auf eine gewisse Aufbruchstimmung beziehungsweise Zäsur – nämlich dass wir alle gemeinsam in die Nachhaltigkeit investieren. Ich bin zuversichtlich, dass sich etwas ändern wird. Nachdem wir kurz an uns selbst gedacht haben, müssen wir an andere denken. In diesem Miteinander liegt der Schlüssel der Pandemie."

Martin Wierig aus Deutschland.

Corona-Erkrankung Ja. Eine Infektion.

Impfung 1xJohnson & Johnson, 1x BioNTech/Pfizer.

Corona-Einschätzung „Gefühlt ist es immer ein Up and Down. Zuletzt hat es sich wie Normalität angefühlt. Die wenigen Einschränkungen, die es noch gibt, nimmt man ja mittlerweile gerne in Kauf. Das Virus behindert uns da sowohl privat als auch sportlich kaum noch."

Wünsche für die Zukunft „Ich hoffe mir, dass wir in der ganzen Zeit gelernt haben, mit Corona zu leben. Und jeder in Eigenverantwortung entscheiden kann, wie er mit dem Virus umgeht. Und natürlich wünsche ich mir, dass alle in meinem Umfeld gesund und ohne Schaden durchkommen."

Hajo Zeeb aus Deutschland.

Corona-Erkrankung Ja. Eine Infektion.

Impfung mRNA-Impfstoffe.

Corona-Einschätzung „Wichtig ist aus meiner Sicht: Es ist eine Syndemie, bei der Corona auf chronische, nicht-übertragbare Erkrankungen trifft. Wir haben es also nicht mit der einen großen Problemlösung zu tun, sondern es gibt ganz unterschiedliche Zusammenhänge und Wechselwirkungen der verschiedenen Krisen, die durch Corona ausgelöst wurden. Es ist nicht mehr nur eine Krankheit an sich, sondern auch die vielseitigen Folgen, die daraus entstanden sind. Hier müssen ganzheitliche Ansätze und Lösungswege gefunden werden."

Wünsche für die Zukunft „Ich wünsche mir auf professioneller Ebene, dass sich der Diskurs zwischen Wissenschaft und allen anderen Bereichen weiterentwickelt. Der intensive Austausch ist interessant und definitiv anders als vorher, deswegen hoffe ich, dass wir daran anknüpfen – und nicht wieder zurückfahren."

Glossar: Das Corona-ABC

AHACL-Regeln Die Menschen in Deutschland waren lange Zeit angehalten, folgende Vorgaben zu beachten:

- **A**bstand wahren: mindestens 1,50 Meter
- **H**ygiene: regelmäßiges Händewaschen- und desinfizieren
- **A**lltagsmaske tragen: später wurden OP- und FFP2-Masken verpflichtend
- **C**orona-Warn-App: eine von der Regierung eingeführte (sündhaft teure) Applikation zur Nachverfolgung von Kontakten und Warnung vor Infektionen
- **L**üften: Innenräume wie Wohnungen und Büros müssen regelmäßig stoßgelüftet werden

Coronavirus Coronaviren gehören zu einem ganzen Virenstamm. Insgesamt gibt es im Augenblick sieben, von denen bekannt ist, dass sie Menschen infizieren können:

- HCoV-OC43
- HCoV-229E
- HCoV-NL63
- HCoV-HKu1
- MERS-CoV
- SARS-CoV
- SARS-CoV-2

COVID-19 In voller Länge: Coronavirus-Disease-2019. So wird die durch SARS-CoV-2 ausgelöste Atemwegskrankheit genannt.

Herdenimmunität Ein Begriff, der besonders in der Anfangsphase der COVID-19-Pandemie immer wieder in den Raum geworfen wird. Der geäußerte Vorschlag: Ohne Gegenmaßnahmen solle sich die Infektion flächendeckend verbreiten und eine Vielzahl von Menschen infizieren, damit diese immun gegen das Virus werden. So könne eine Herdenimmunität erreicht werden. Der prozentual benötigte Anteil an immunen Menschen ist abhängig vom zuvor erklärten R-Wert (Anmerkung: *siehe Abschnitt „R-Wert"*). Bei einem R_0-Wert von 3 liegt die Schwelle bei 67 Prozent, bei R_0 von 4 bei 75 Prozent. Mittlerweile sind sich Experten sicher, dass ein Wert von Minimum 90 Prozent benötigt wird.

Problem: Der Vorschlag, die Herdenimmunität ohne Gegenmaßnahmen zu erreichen, beruht darauf, dass bereits infizierte Personen gegen das Virus immun seien und sich nicht erneut anstecken können. Nach den ersten Re-Infektionen im August und September 2020 – der erste dokumentierte Fall stammt aus Hongkong – war diese Variante hinfällig.

Hospitalisierungsrate Die Rate gibt die Zahl der Krankenhauseinweisungen pro 100.000 Einwohner innerhalb von einer Woche an. Auf dem Höhepunkt der Pandemie liegt der Wert in Deutschland über zehn. Kurzzeitig ist die Hospitalisierungsrate der entscheidende Maßstab für die Corona-Maßnahmen. Das große Probem daran ist: Deutschland hat kein flächendeckendes digitales Meldeverfahren. Dadurch können keine aktuellen Zahlen gewährleistet werden, um die tatsächliche Belastung der Krankenhäuser angemessen abzubilden.

Hotspot Damit ist ein Gebiet gemeint, das überproportional viele Corona-Infizierte aufweist. Der erste Hotspot in Deutschland war der Kreis Heinsberg in Nordrhein-Westfalen. Nach einer Karnevalssitzung im Ort Gangelt im Februar 2020 infizierten sich innerhalb eines kurzen Zeitraums über tausend Menschen mit Corona. Landrat Stephan Pusch sagte damals: „Es ist kaum noch möglich, alle Kontaktpersonen vor allem wegen der Vielzahl der Kontakte an Karneval auszumachen."

Impfstoffe (in der EU zugelassen)

AstraZeneca
Name des Impfstoffs: Vaxzevria
Herkunft: Britisch-schwedisches Unternehmen
Wirkmechanismus: Vektor-Impfstoff

BioNTech/Pfizer
Name des Impfstoffs: Comirnaty (BNT162b2)
Herkunft: BioNTech ist ein deutsches Unternehmen aus Mainz, Pfizer kommt aus den USA.
Wirkmechanismus: mRNA-Impfstoff
Kinder-Impfung: Bei den 5- bis 11-Jährigen wird ein Drittel der Erwachsenen-Dosierung genutzt.

Johnson & Johnson
Name des Impfstoffs: Jcovden (Ad26.COV2-S)
Herkunft: USA
Wirkmechanismus: Vektor-Impfstoff

Moderna
Name des Impfstoffs: Spikevax (mRNA-1273)
Herkunft: USA
Wirkmechanismus: mRNA-Impfstoff

Novavax
Name des Impfstoffs: Nuvaxovid (NVX-CoV2373)
Herkunft: USA
Wirkmechanismus: proteinbasierter Impfstoff

Valneva
Name des Impfstoffs: VLA2001
Herkunft: Frankreich
Wirkmechanismus: Totimpfstoff, der abgetötete
Corona-Bestandteile enthält

Mögliche Nebenwirkungen der Corona-Impfstoffe

- Fieber und grippeartige Beschwerden
- Gelenk- und Muskelschmerzen
- Kopf- und Gliederschmerzen
- Müdigkeit
- Übelkeit

Inzidenzwert Der Inzidenzwert gibt an, wie viele Neuinfektionen innerhalb einer bestimmten Zeitspanne vorliegen. Der gängigste Zeitraum umfasst eine Woche, sodass häufig im Zusammenhang mit Corona von der Sieben-Tage-Inzidenz gesprochen wird. Als Maßstab gilt die Anzahl der Erkrankungen pro 100.000 Menschen. Die Inzidenz wird berechnet, indem alle neuen Corona-Fälle im betrachteten Zeitraum addiert, diese durch die

Einwohnerzahl geteilt und anschließend mit 100.000 multipliziert werden.

Der Blick auf die Inzidenzen wurde besonders in Deutschland ab der dritten Welle der Infektion (Frühjahr 2021) immer häufiger in Frage gestellt. Kritiker bemängelten, dass der Wert regional sehr unterschiedlich ausfalle, zum anderen Parameter wie Orte des Ausbruchsgeschehens oder betroffene Altersgruppen nicht genügend berücksichtigt worden seien. Als Beispiel: Gibt es in einer kleinen Gemeinde einen Corona-Ausbruch mit mehreren Infizierten in einem Altenheim, dann schießt die Inzidenz in ungeahnte Höhen und hat besonders in der Corona-Anfangszeit einen „Komplett-Lockdown" zur Folge. Anstatt aber alle Bewohner der Region mit den gängigen Maßnahmen zu versehen, sei es aus Sicht der Kritiker deutlich effektiver, den Virus-Herd nachzuverfolgen. In diesem Fall müsste dann folgerichtig das Altenheim unter Quarantäne gestellt werden, nicht aber eine komplette Region. Besonders in ländlichen Gegenden scheint die Fixierung des Virusgeschehens auf die Sieben-Tage-Inzidenz die Kontrollmechanismen ad absurdum zu führen.

Auch an den Entscheidungen der Bundesregierung lässt sich dieses Durcheinander im Laufe der Pandemie immer deutlicher mitverfolgen. Anfangs gilt eine 50er-Inzidenz als Kontrollinstanz, zwischendurch wird dieser Wert auf 35 nach unten korrigiert, um ihn dann auf 100 festzulegen. In manchen Regionen greifen zeitweise erst ab einer Inzidenz von 200 verschärfte Maßnahmen, während andere deutlich früher Maßnahmen einleiten. Ein Flickenteppich an Maßnahmen.

Lockdown Kann die Verbreitung von COVID-19 nicht mehr mit den vorherrschenden Maßnahmen aufgehalten werden, kommt es zu einem Lockdown – eine Art Massen-Quarantäne für einen temporären Zeitraum. Dieser kann von zeitlich begrenzter bis vollständig aufgehobener Bewegungsfreiheit reichen. Egal ob „Lockdown light", „Knallhart-Lockdown" oder „Shutdown" – besonders die Entscheidungen der Ministerpräsidentenkonferenzen sind bei einigen Bürgern gefürchtet. Weltweit fallen die Lockdown-Varianten und ihre Umsetzungen völlig unterschiedlich aus, wie zum Beispiel der Blick nach Indien zeigt. Dort sind die Menschen in der besonders schlimmen Phase der Pandemie nahezu eingeschlossen. Lediglich eine Person pro Haushalt darf während des Sieben-Wochen-Lockdowns das Haus für wichtige Einkäufe verlassen.

PCR-Test Das zuverlässigste Verfahren, um den Verdacht auf eine akute Infektion mit dem Coronavirus abzuklären. Es handelt sich beim PCR-Test (polymerase chain reaction) um ein Standardverfahren in der Diagnostik. Erbmaterial des Virus wird vervielfältigt, sodass Viren auch dann nachgewiesen werden können, wenn erst wenige Erreger vorhanden sind. Der PCR-Test hat aufgrund seiner Sensitivität eine hohe Treffsicherheit. Er erfolgt durch eine Probe aus den Schleimhäuten der Atemwege, der Abstrich findet für gewöhnlich im Mund oder der Nase statt. In China wird im Laufe der Zeit allerdings auch ein Anal-Abstrich durchgeführt.

Quarantäne Eine zeitlich begrenzte, häusliche Absonderung. Infiziert sich eine Person mit dem Virus, wird eine Quarantäne notwendig. Kein Kontakt zur Außenwelt, nicht einmal Spazierengehen ist mehr erlaubt. Unvergessen sind die Bilder aus der Anfangszeit der Pandemie, als die von Familie oder Freunden vor der Haustür abgestellten Einkaufstüten die Runde machen.

RKI Das Robert Koch-Institut ist ein Bundesinstitut im Geschäftsbereich des Bundesministeriums für Gesundheit. Kontinuierlich erfasst es die wichtigsten Daten zur COVID-19-Lage, bewertet die gesammelten Informationen und schätzt das Risiko für die Bevölkerung in Deutschland ein. Für die Bundesregierung ist das RKI die zentrale Institution auf dem Gebiet der Krankheitsüberwachung und -prävention.

R-Wert Die Reproduktionszahl beschreibt, wie viele Menschen eine infizierte Person durchschnittlich ansteckt. Für SARS-CoV-2 gilt für die Bevölkerung ein Mittel zwischen 2,8 und 3,8 (R_0). Heißt: Jeder Infizierte steckt zwischen drei bis vier andere Menschen an.

- Wenn R größer 1, dann steigende Anzahl täglicher Neuinfektionen.
- Wenn R gleich 1, dann konstante Anzahl täglicher Neuinfektionen.
- Wenn R unter 1, dann sinkende Anzahl täglicher Neuinfektionen.

Das Ziel ist es daher, den R-Wert stabil unter 1 zu halten.

SARS-CoV-2   Die Weltgesundheitsorganisation gibt dem neuartigen Virus diese Abkürzung. Voll ausgeschrieben heißt es: „Severe Acute Respiratory Syndrome"-Coronavirus-2. Damit ist das mittlerweile weltweit bekannte Virus gemeint, das Symptome verursachen kann – aber nicht zwangsweise verursachen muss.

Schnelltest   Antigenschnelltests sind darauf ausgelegt, charakteristische Bestandteile von SARS-CoV-2 zu erkennen und diese anzuzeigen. Müssen sie anfangs noch von medizinisch geschultem Personal vorgenommen werden, gibt es inzwischen Schnelltests zum Durchführen für Jedermann. Der Nasen- oder Rachenabstrich gilt als durchaus unangenehm, sodass mit der Zeit zum Beispiel Lolli-Tests für Kinder entwickelt werden. Problematisch ist die deutlich höhere Fehlerquote im Vergleich zu den PCR-Tests.

Selbsttest   Am 24. Februar 2021 erteilt das Bundesinstitut für Arzneimittel und Medizinprodukte die ersten drei Sonderzulassungen für Corona-Tests zur Eigenanwendung durch Laien. Für alle drei Tests sind Abstriche im vorderen Nasenbereich vorgesehen. Die Auswertung findet direkt zu Hause statt, die Kosten für die Selbsttests sind von jedem selbst zu übernehmen.

Superspreader   Eine infizierte Person, die in einem überproportionalen Ausmaß weitere Menschen mit einem bakteriellen und viralen Krankheitserreger ansteckt. Die Anzahl der von einem Superspreader infizierten Personen liegt deutlich über dem R_0-Wert. Sogenannte Superspreading-Events, wie etwa ausgelöst durch zügellose Après-Ski-Partys in Ischgl, werden deshalb vom Virologen Christian Drosten als „explosive Übertragungsereignisse, die diese ganze Pandemie treiben" beschrieben.

Triage Wenn das Gesundheitssystem an seine Grenzen gelang und die Kliniken überfüllt sind, kommt es im schlimmsten Fall zu einer Triage. Die Ärzte müssen dann die Entscheidung treffen, wem bei medizinischen Engpässen zuerst geholfen werden soll. Hierfür werden Patienten nach Dringlichkeit und Schwere der Erkrankung eingestuft. Es geht um die Priorisierung medizinischer Hilfeleistungen bei unzureichend zur Verfügung stehenden Mitteln. Besonders in den schlimm betroffenen Regionen Spaniens und Italiens fällt der Begriff in der ersten Infektionswelle häufig.

Virusvarianten Von der ursprünglichen Namensgebung – anfangs werden die Varianten nach ihren „Herkunftsländern" benannt – nimmt die Weltgesundheitsorganisation nach einiger Zeit Abstand, um damit Diskriminierungen von Menschen aus den „Virus-Herkunftsländern" zu vermeiden. Stattdessen sind die Mutationen nach Buchstaben im griechischen Alphabet benannt. Gefettet sind die besorgniserregenden Varianten.

Variante | Wissenschaftlicher Name | Erster Nachweis

Alpha | B.1.1.7 | September 2020 in Großbritannien.

Beta | B.1.351 | Mai 2020 in Südafrika.

Gamma | P.1 / B.1.1.28.1 | November 2020 in Brasilien.

Delta | B.1.617.2 | Oktober 2020 in Indien.

Epsilon | B.1.427 / B.1.429 | März 2020 in den USA.

Zeta | P.2 | April 2020 in Brasilien.

Eta | B.1.525 | Dezember 2020 in Angola.

Theta | P.3 | Januar 2021 auf den Philippinen.

Iota | B.1.526 | November 2020 in den USA.

Kappa | B.1.617.1 | Oktober 2020 in Indien.

Lambda | C.17 | August 2020 in Peru.

My | B.1.621 | Januar 2021 in Kolumbien.

Omikron | B.1.1.529 | November 2021 in Südafrika.

Danksagung

„Ich werde dir voller Stolz davon erzählen!"

Wer seit Anfang 2020 das Gespräch mit mir gesucht hat, sah sich früher oder später auch in eine Corona-Debatte verwickelt. Dafür entschuldige ich mich an dieser Stelle bei jedem Einzelnen.

Allen voran natürlich bei meiner Freundin Jenni. In einer Zeit, in der du hochschwanger und später als frischgebackene Mutter genug Fragezeichen und ungewisse Momente erleben musstest, hast du mir unglaublich den Rücken gestärkt. Das muss Liebe sein!

Natürlich gilt auch ein großer Dank unserer Tochter Mia, die mich alleine mit ihrem Dasein als großartiges Kind nicht nur herrlich abgelenkt, sondern zugleich auch immer wieder aufs Neue motiviert hat. Ich kann mir nichts Schöneres vorstellen, als dir, liebe Mia, später voller Stolz zu erzählen, dass Papa in deinen Baby-Monaten zum Buchautor geworden ist. Familie ist nun einmal das größte Geschenk, das es auf dieser Welt gibt.

Danke an Flo für deine genialen Grafik-Künste, an Marita für das lückenlose Lektorat und an Verena für viele Tipps sowie die finale Umsetzung.

Außerdem möchte ich allen Protagonisten an dieser Stelle mitteilen, wie inspirierend eure gesammelten Eindrücke für mich gewesen sind. Die Gespräche mit euch waren immer wieder aufs Neue beflügelnd.

Bleibt gesund,
Adrian